Hiddensee

Bilder und Texte von damals

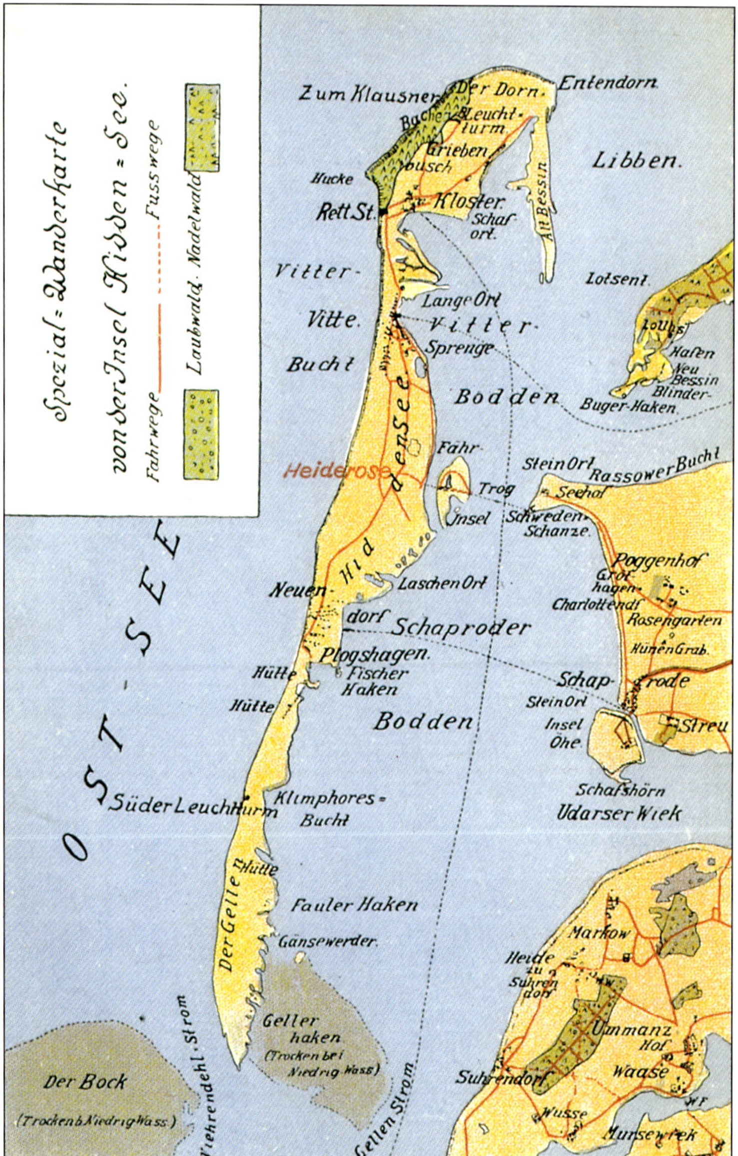
Spezial-Wanderkarte
von der Insel Hidden-See.
Fahrwege
Fusswege
Laubwald. Nadelwald
Zum Klausner
Der Dorn.
Entendorn
Buchen
Leucht-turm
Grieben
busch
Libben.
Hucke
Rett St.
Kloster.
Schaf-ort.
Alt Bessin
Vitter-
Lotsent.
Lange Ort
Vitte.
Vitter
Sprenge
Bucht
Hafen
Neu Bessin
Blinder-
Bodden
Buger-Haken.
Fähr.
Heiderose
Stein Ort
Rassower Bucht
Trog
Seehof
Insel
Schweden-Schanze.
Hiddensee
OST SEE
Poggenhof
Grosshagen
Neuen-
dorf
Laschen Ort
Charlottendf.
Rosengarten
Schaproder
HünenGrab.
Plogshagen.
Hütte
Fischer
Haken
Schap-
rode
Hütte
Stein Ort
Bodden
Insel
Ohe.
Streu
Schafshörn
Süder Leuchtturm
Klimphores=
Bucht
Udarser Wiek
Hütte
Fauler Haken
Markow
Der Gellen
Gänsewerder.
Heide
zu
Suhren
dorf
Geller
haken
(Trocken bei
Niedrig Wass.)
Ummanz
Hof
Viehrendehl. Strom
Waase
Der Bock
Suhrendorf
(Trocken b. Niedrig Wass.)
Wusse
Gellen Strom
Mursewiek

Hiddensee

Bilder und Texte von damals

Herausgeber: Andreas Arendt

Artcolor Verlag

Badestrand von Kloster mit
Blick über die Insel

Vorwort

Ein Kaiserbad war Hiddensee nie. Nicht die Haute valaute aus der alten Reichshaupstadt und nicht der Adel entdeckten die verträumte Insel Hiddensee als Sommerfrische.
Es waren die Künstler, die geistreiche Elite des Reiches, die zuerst den unverwechselbaren Charme der Rügen vorgelagerten Insel als absoluten Geheimtip für ungestörte Ferien erkannten und um die Jahrhundertwende die Insel eroberten.
Lang ist die Liste derjenigen, die regelmäßig oder in Abständen die Strapazen auf sich nahmen, mit den Zügen der Reichsbahn bis Stralsund anreisten, um von dort mit dem Bäderdampfer „Swanti“ oder später der „Insel Hiddensee“ über Sund und Bodden zur Dampferanlegestelle nach Kloster zu fahren.

Eine liebenswerte Zeit damals. Einen kleinen Einblick, wie es damals war auf der Insel, soll Ihnen dieses Buch gewähren. Texte und Bilder bringen dem Leser Nostalgie oder gar Jugenderinnerungen. In der hektischen Zeit heute tut es gut, einen Ort zu finden, an dem die Zeit beinahe spurlos vorübergegangen ist. Hiddensee gehört auf jeden Fall dazu. Vergleichen Sie die Aufnahmen aus der vergangenen Zeit mit dem Heute, lassen Sie sich von den poetischen Texten einfangen und genießen Sie die Ruhe und Stille der Insel.

Kloster, im Juni 1995

Norbert Ahting
Bürgermeister

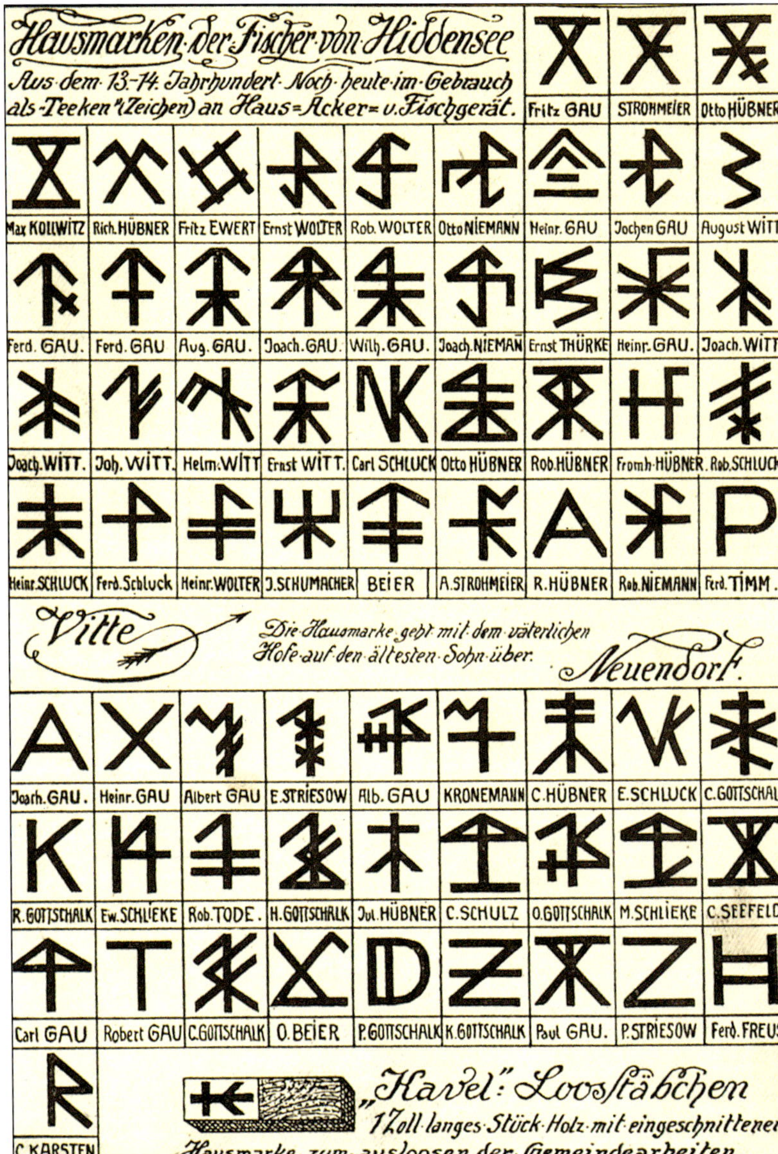
Hausmarken der Fischer von Hiddensee
Aus dem 13.-14. Jahrhundert. Noch heute im Gebrauch als "Teeken" (Zeichen) an Haus=Acker= u. Fischgerät.
Fritz GAU
STROHMEIER
Otto HÜBNER
Max KOLLWITZ
Rich. HÜBNER
Fritz EWERT
Ernst WOLTER
Rob. WOLTER
Otto NIEMANN
Heinr. GAU
Jochen GAU
August WITT
Ferd. GAU.
Ferd. GAU
Aug. GAU.
Joach. GAU.
Wilh. GAU.
Joach. NIEMAN
Ernst THÜRKE
Heinr. GAU.
Joach. WITT.
Joach. WITT.
Joh. WITT.
Helm: WITT
Ernst WITT.
Carl SCHLUCK
Otto HÜBNER
Rob. HÜBNER
Fromh. HÜBNER
Rob. SCHLUCK
Heinr. SCHLUCK
Ferd. Schluck
Heinr. WOLTER
J. SCHUMACHER
BEIER
A. STROHMEIER
R. HÜBNER
Rob. NIEMANN
Ferd. TIMM.
Vitte
Die Hausmarke geht mit dem väterlichen Hofe auf den ältesten Sohn über.
Neuendorf.
Joach. GAU.
Heinr. GAU
Albert GAU
E. STRIESOW
Alb. GAU
KRONEMANN
C. HÜBNER
E. SCHLUCK
C. GOTTSCHALK
R. GOTTSCHALK
Ew. SCHLIEKE
Rob. TODE.
H. GOTTSCHALK
Jul. HÜBNER
C. SCHULZ
O. GOTTSCHALK
M. SCHLIEKE
C. SEEFELD.
Carl GAU
Robert GAU
C. GOTTSCHALK
O. BEIER
P. GOTTSCHALK
K. GOTTSCHALK
Paul GAU.
P. STRIESOW
Ferd. FREUS
C. KARSTEN
"Havel": Loosstäbchen
1 Zoll langes Stück Holz mit eingeschnittener Hausmarke zum ausloosen der Gemeindearbeiten.

Hiddensees Wachstum an Schönheit und Größe

von Arved Jürgensohn (Berlin-Friedenau)

Als ich vor 25 Jahren, am 27. August 1900, zum ersten Mal den Boden Hiddensees betrat, da sah es dort doch ein gut Teil anders aus, als heute, besonders in Kloster. Ich hatte vorher eigentlich noch niemals etwas von dieser Insel gehört. Und es war nur ein Zufall, daß ich sie jetzt kennen lernte. Von Berlin nach Stralsund gekommen, war ich noch unschlüssig, wohin ich diesmal weiter reisen sollte. Rügen hatte ich schon drei Jahre vorher durchstreift, merkwürdigerweise auch am 27. August zuerst meinen Fuß darauf setzend (1897). Ich wollte jetzt aber gern etwas Neues hier sehen. So betrachtete ich forschend die Karte meines frisch erstandenen Rügenführers, und mein Auge blieb auf einer etwas abseits gelegenen, abenteuerlich gestalteten Nebeninsel am offenen Meer haften. Diese zu besuchen, reizte mich, denn Inseln haben immer eine gewisse Anziehungskraft und einen poetischen Zauber, auch wenn man noch nichts von ihnen weiß. Ich schwankte aber noch, als ich den Dampfer besteigen wollte, ob ich nach jener einsamen Insel oder nicht doch lieber nach Breege fahren sollte; denn mein Reisehandbuch für Rügen vom Jahre 1900 machte von Hiddensee nicht viel Aufhebens. Zwar handelte es in einem besonderen Kapitel darüber, aber es wurde diesem Juwel unter den deutschen Inseln in keiner Weise gerecht und schwang sich bloß zu dem matten Lob auf, es „biete Interesse genug, um einen Ausflug dahin lohnend zu machen“. Auch mein etwas älterer Bädecker vom Jahre 1889, den ich bei der Rügenreise benutzt hatte, war entweder mit Hiddensee nicht vertraut oder ließ es an Urteil fehlen, denn er tat es mit 4 1/2 Zeilen in Augenpulverschrift ab, die für nebensächliche Dinge bestimmt ist, ohne ein Wort der Empfehlung, bloß kurz die „Weite Aussicht“ anführend. Und auf Bädeckers treffliche Handbücher, mit denen ich schon so viele Länder bereist hatte, hielt ich etwas.

Fünf Jahre vorher hatte ich zuletzt Italien und diesmal auch Capri, hatte die italienische und französische Riviera gesehen, war also in bezug auf landschaftliche Schönheit nicht ohne Ansprüche. Aber ich war doch überrascht und betroffen, hier in unseren Breiten, so nah, gewissermaßen vor der Haustür von Berlin, ein unbekanntes Eiland von so strahlenden Reizen und so wundervollen, romantischen Aussichten zu finden. Ganz von selbst drängen sich dabei Vergleiche mit geschauten anderen schönen Gegenden auf. Man denkt oben auf den Dornbuschhöhen wohl an die verblüffend herrliche Aussicht von Camaldoli bei Neapel; man denkt an Capri; man scheidet das Ähnliche und Unähnliche: die satte Farbenpracht des Südens und die gedämpfteren Töne des Nordens; die hohen braunen Felsengebirge dort

Bild linke Seite: Hausmarken der Fischer von Hiddensee aus dem 13. – 14. Jahrhundert, noch heute im Gebrauch.

Folgende Doppelseite: Inselblick mit Lietzenburg

und die sanften viel niedrigeren grünen Höhen hier. Und gerade, weil man beides kennt, hat man den unbefangenen Mut zu solchen Vergleichen.

Ich merkte sofort, daß ich in einer der schönsten Gegenden Mitteleuropas war, und bin seitdem eigentlich alljährlich nach Hiddensee gekommen in der Erkenntnis, daß man es doch gar nicht nötig hat, weite Reisen in fremde Länder zu machen, wenn man etwas so Schönes in der Nähe daheim hat. Daß die Schönheiten Hiddensees sich nur bei gutem sonnigem Wetter voll erschließen, brauche ich wohl nicht erst zu sagen.

Merkwürdig genug war es, daß sie in unseren Tagen überhaupt erst wieder entdeckt zu werden brauchten, nachdem sie schon hundert Jahre früher von verschiedenen Dichtern und Reiseschriftstellern verherrlicht und schwärmerisch beschrieben worden waren. Und damals war Hiddensee sicherlich lange nicht so schön wie heute.

Damals – nach einem Bericht von 1795 – waren nämlich seine Berge ganz kahle nackte Höhen, nach Norden und Nordwesten hin wie Dünen mit weißem Flugsand bestreut und weiterhin nur mit spärlicher Grasnarbe bedeckt, von den Äckern und Weiden nach Osten hin abgesehen. Auf einigen Seekarten jener Zeit wurde der „Dornbusch" als „großer wüster Sandhaufen" bezeichnet, wie er von der Hochseeseite auch erschien. Abgesehen von einer Weidenallee zwischen Kloster und Grieben sowie einigen Eichen und einem drei Morgen großen, 30 Jahre alten Kiefernwäldchen in der Nähe war alles freie Gelände baumlos. Die Aussicht von den Höhen hinab war natürlich auch damals schön.

Nicht immer hatte es so ausgesehen. Schon im Mittelalter waren auf Hiddensee Waldungen vorhanden gewesen, die zur Holzung genutzt wurden und, sofern es Eichbaumbestände waren, dazu dienten, die hingetriebenen Schweine mit Eicheln zu mästen. Urkunden vom Jahre 1297 berichten uns davon. Diese Waldungen versorgten auch das benachbarte Schaprode auf Rügen mit Brennholz. Das dauerte bis in die Zeit des Dreißigjährigen Krieges. Ein Zeitgenosse erzählt uns, daß auf den hohen Bergen Hiddensees ein schöner dichter Wald „mit den höchsten und schönsten Tannen und Eichen" stand, und sich außerdem nahe der Fährinsel und bei der damaligen Ortschaft Glambek, bis in die Nähe Vittes, Erlenwälder befanden, die vortreffliches Brennholz abwarfen und Glambekerbrook (= bruch) und Vittebrook genannt wurden. Im Jahre 1628, als auch die Dänen gegen Wallenstein und die Kaiserlichen kämpften, ließen sie eine Flotte von 47 Segeln bei Hiddensee vor Anker liegen und versorgten sich zum Kochen auf den Schiffen mit Brennholz von der Insel. Das war der Anfang vom Ende jener „herrlichen Höltzung".

Als die Dänen zurückweichen mußten, da bekamen ihre Matrosen den Befehl, vorher noch viele Hunderte von Bäumen auf Hiddensee zu fällen, um die Schiffe damit zu beladen und Kopenhagen mit Holzvorräten zu versorgen. Wallenstein, der vor Stralsund stand, hörte davon und schickte Reiter und Fußvolk über Rügen nach Hiddensee, um die Dänen „in die Pfanne zu hauen" und ihnen dies Handwerk zu legen. Auch gab er Befehl, als die Dänen sich rechtzeitig wieder auf die Schiffe zurückgezogen hatten, die ganze Waldungen Hiddensees in Brand zu stecken, damit jene sich nicht weiter mit Holz versorgen könnten. Seitdem ist die Insel im wesentlichen baumlos nackt und kahl gewesen.

Wahrscheinlich hängt es auch damit zusammen, daß die Fischerhütten in den Dörfern Vitte, Neuendorf und Plogshagen so erbärmlich und elend gebaut waren, wie uns von vielen Reisenden vor mehr als hundert Jahren berichtet wird. Die meisten hatten nur Eckpfeiler und Zwischenpfosten von Holz, das übrige war bunt zusammengeflickt aus Rasenstücken, Torf, Feldsteinen, Lehm, Seetang, auch wohl aus geborgenen Schiffsfenstern mit runden Gucklöchern; auf den Dächern Schilf, Rasen usw. Es waren sog.

Räucherkaten, wo der Rauch aus einer Öffnung im Dach entwich. Torf und Mist als Brennstoff verbreiteten einen entsetzlichen Gestank im Hause.

Aber was Menschenhände zerstört hatten, das konnten sie auch wieder aufbauen. Diese Baumlosigkeit Hiddensees begann ein Ende zu nehmen, als um das Jahr 1860 das Kloster zum Heiligen Geist in Stralsund, als Hauptbesitzer der Insel, die Aufforstung der Höhen beschlossen hatte. Die Ausführung geschah nach und nach. Als ich im Jahre 1900 Hiddensee besuchte, da stand der hübsche Bergwald schon da, vom Bakenberg und „Einsiedler" südwärts bis zur Hucke. Doch von der Hucke bis zur Rettungstation sahen die Anhöhen über den Badestrand, die sog. Vorlege, damals noch kahl aus. Die frisch gesetzten Kiefernpflänzchen waren dort noch winzig und kaum bemerkbar. Nördlich vom Bakenberg war es ungefähr ebenso. Damals waren auch die Abhänge am Badestrand spärlicher bewachsen, und bei stürmischen Winden trieb und flutete der weiße Ufersand hoch durch die Lüfte in weißen Wolken weit landeinwärts über die Höhen der „Vorlege", sich zerstörend und ausdörrend auf die Blätter von Pflanzen und Laubbäumen legend, so wie jetzt noch an der sog. Bismarckdüne ein Sandtreiben vorkommt, das die Düne immer höher macht und die dort angepflanzten Bäume allmählich begräbt. Jetzt ist der Wald sowohl nördlich vom Bakenberge wie südlich von der Hucke beim „Haus am Meer" und bei der „Lietzenburg" und bis zum Rettungsschuppen hoch emporgeschossen, die Steilhänge am Ufer sind mit Dornbüschen dichter bewachsen, die freien Flächen der Anhöhen sind zum Teil üppig mit Gras und Blumen bedeckt, das Sandtreiben hat aufgehört, im Bergwald oben sind vielfach Eichen, Tannen und andere Bäume angepflanzt und hochgewachsen; es hat sich reichlich Gebüsch und Unterholz gebildet, und es ist im Ganzen viel schöner geworden als vor 25 Jahren, wenn auch Abholzungen manche Stellen undicht gemacht haben.

Etwa seit 1905 wurden aber auch andere Waldungen angelegt. Am Außenstrande von Kloster bis nach Vitte wollten die gepflanzten Kiefern freilich nicht gut wachsen. Doch von der Südgrenze der Gemarkung Vitte bis nach Neuendorf steht schon ein ganz ansehnlicher, meist recht hoher Kiefernwald am Meer, und von Plogshagen südwärts bis zum Karkensee zieht sich ein Wald von jungen Kiefern und zum Teil schon sehr hohen Erlen hin. Der 1 1/2 Kilometer lange Badestrand von Vitte blieb leider kahl, weil die Vitter (allerdings nur eine kleine Minderheit) die von der Regierung empfohlene und angebotene Aufforstung ablehnten, vielleicht in der Befürchtung, daß dann der Zugang zum Strand ebenso, wie es tatsächlich auf der Strecke Kloster – Vitte der Fall war, durch Drahteinfriedigung der Schonungen stark gehemmt und erschwert würde. Häufige Durchgänge, etwa alle 50 – 60 Meter, würden solch einen Einwand vielleicht beseitigen.

Die neuen Wälder Hiddensees haben nicht bloß verschönend gewirkt, sie haben auch zur Folge gehabt, daß sich auf der durch faulende Tannennadeln und Blätter gebildeten Humusschicht eine neue Pflanzenwelt entwickeln kann, neue Blumen, Pilze und Sträucher, die früher nicht gedeihen wollten. Auch die Fasanen und Rehe haben sich im Wald zu Hiddensee gut vermehren können.

Ein wenig erfreulicher Anblick waren früher die Fischerhäuser auf Hiddensee. Die von Grieben werden um 1805 jedoch von einen Rügenschilderer „obgleich nicht vorzüglich, doch immer noch stattlich" genannt, im Vergleich zu den anderen. Mehrere von ihnen waren damals schon ziehmlich alt und stehen noch heute, ein idyllischer Anblick aus der alten Zeit.

Aber die anderen Dörfer erhielten einen Anlaß, ihre Wohnstätten zu verbessern, als die verheerende große Sturmflut von 1872 die alten gebrechlichen Behausungen mit ihren Lehmwänden vielfach aufweichte und zerstörte. In den Süderdörfern mögen kurz darauf etwa zwei Dutzend neu entstanden sein.

Bau des Küstenschutzwalls
vor der Hucke

Steilküste bei Kloster mit Leuchtturm

Die Strohdächer behielten ihren Reiz. Weniger schön, wenn auch wohnlicher, als früher, nehmen sich die neuen Häuser mit den Pappdächern aus. In unserem Jahrhundert hat dann die Bautätigkeit reger eingesetzt. Im Süden hat sich im großen und ganzen die alte Eigenart erhalten. In Vitte ist ja freilich vieles Geschmacklose hinzugekommen, was sich dem bodenständigen Stil schlecht einfügt, wenn man auch neuerdings mehr darauf achtet, daß das vermieden werde. Am stärksten hat die Neubautätigkeit in Kloster eingesetzt. Noch bis 1904 sah man da bloß den Gutshof mit zwei Wohnhäusern und den zwei sog. Katen oder Gutsarbeiterhäusern, die Pfarre, das Schulhaus, daneben das Haus des Strandvogts, den kleinen Gau'schen Gasthof (früher Schlicker) und das Haus des Amtsvorstehers (jetzt die Pension zur Post). Neun Häuser. Das war alles. Jetzt zählen wir da rund 35 Wohnhäuser. Ich kann nicht finden, daß die Schönheit des Ortes dadurch gelitten hätte, was manche behaupten. Im Gegenteil. Wenn man Abends bei sinkender Sonne oben am Waldrande, etwas höher als das „Haus am Meer" und etwas waldeinwärts, zwischen den Bäumen hindurch hinabblickt auf die grünende blühende Landschaft und die rot schimmernden Ziegeldächer und das blaue Binnenmeer und alles in jener zauberhaft bläulich-goldigen Beleuchtung solcher Stunden vor sich sieht, so wird sich einem ein unvergeßliches Landschaftsbild darbieten. Wir müssen uns nur frei machen von der herkömmlichen Gewohnheit, bloß das, was alt und für unsere Zeit rührend = dürftig erscheint, reizvoll und malerisch zu finden. Im ganzen sind die Häuser im neuen Badeort Kloster auch ganz gut gebaut und weit gefälliger als die alten.

Am stilvollsten und eindrucksvollsten steht ja die „Lietzenburg" da auf ihrer aussichtsreichen Höhe, jetzt bereits ein Wahrzeichen von Kloster! Sie ist dafür auch die Frucht eines Preisausschreibens, an dem viele Berliner Architekten beteiligt waren. Mit den neuen Häusern sind aber zugleich manche neue Gärten entstanden, die sich üppig entwickelt haben und zur Verschönerung der Gegend beitragen.

Wenn wir so gesehen haben, daß Hiddensee durch seine neuen Wälder und die Pflanzenwelt tatsächlich immer schöner wird, daß es durch neue Ansiedelungen und geräumigere bessere Häuser auch wohnlicher, stattlicher und gesunder wird – man denke auch an die verbesserten Brunnen im Gegensatz zu den oft Typhus erzeugenden früheren Holzbrunnen neben den Misthaufen mancher Fischerhäuser – so fragt man sich manchmal, in die Zukunft schauend, ob denn die ganze Insel überhaupt auch Bestand haben wird. Denn nach einer der letzten Sturmfluten las man schon Zeitungsberichte mit der Überschrift: „Eine untergehende Insel". Und die Geologen haben festgestellt, daß von den westlichen Steilküsten im Durchschnitt jährlich stets anderthalb Meter abbröckeln und ins Meer sinken, und haben berechnet, daß in 800 Jahren schon, wenn es so weiter geht, der ganze Inselkern, das gesamte Dornbuschhochland bis nach Grieben hin verschwinden müßte. Daß Wind und Wetter, Hitze und Kälte, Sturm und Regen zerstörend wirken, daß das eindringende Wasser der Niederschläge unterirdische Lehmschichten auflöst und die oberen Erdschichten am Steilufer ins Rutschen bringt, Risse, Einstürze und Abstürze verursacht, ist ja Tatsache. Auf den Rat von Geologen wurde auch die Lietzenburg, zum Bedauern der Bauherrn, so weit landeinwärts gebaut.

Aber wenn wir noch 800, nach anderen sogar noch 1140 Jahre Zeit haben, so ist mir nicht bange. Es fragt sich doch, ob die Wirklichkeit diesen berechnenden Theorien auch Gehorsam leisten wird. Ob nicht eine allmähliche Abschrägung der Steilküsten und ob künstliche Mittel von Menschenhand nicht dem zerstörenden Spiel der Naturkräfte Einhalt gebieten werden? Das Abschwemmen der gestürzten Erdmassen könnte vermutlich wohl gehemmt und verhindert werden durch zweckmäßige Uferbauten. Darüber ist schon viel geschrieben worden. Recht

Hochuferweg am Dornbusch

Blick zum Enddorn

wünschenswert wäre ein kräftiger Steindamm, eine Buhne, von der Hucke hinaus ins Meer, die sich dann nach Norden und Südwesten gabelte, sodaß der ans Land geschwemmte Sand von den schräg vorüberflutenden Strömungen nicht wieder abgesaugt würde. Bei Plogshagen hat sich infolge der Steinbuhnen ein ganz steinfreier Badestrand gebildet.

Doch wenn ein Teil der Insel auch allmählich abbröckelt und verkleinert wird, so wachsen ihr durch das Spiel der Naturkräfte andere Teile wieder zu, sodaß sie im Laufe der Jahrhunderte viel größer geworden ist und noch ständig an Größe weiter wächst. Das läßt sich auch an der Hand alter Karten sichtbar veranschaulichen. Im Jahre 1618 gab der Rostocker Professor Eilhard Lubinus auf Wunsch und Kosten der pommerschen Herzöge eine Karte von Rügen und Pommern heraus, die in Holland gestochen wurde, mehrere Auflagen erlebte und von vielen anderen und spätern Kartenherausgebern nachgebildet wurde.

Hiddensee wird auf ihr so dargestellt, wie die Abbildung anbei zeigt. Vergleichen wir sie mit der heutigen Gestalt der Insel, so wird uns vieles besonders auffallen. Der Inselkopf des Berglandes erscheint rund, nicht länglich wie heute. Zwischen Kloster und Vitte nach Osten liegt eine einzige Bucht. Die jetzigen von Wasserkanälen durchschnittenen östlichen Teile der großen Wiese scheinen erst später angeschwemmt und bewachsen zu sein. Bei Plogshagen ist die Insel noch sehr breit und dick, nach dem Maßstab der Karte mehr als 3 Kilometer. Und an der Südspitze liest man den Namen „Luchte“ (Leuchte). Das war die Stelle, wo im Mittelalter ein Leuchtfeuer brannte und eine Kirche stand. Auf den heutigen Karten entspricht dieser Punkt etwa der Stelle, die nach Osten hin die Bucht „Karkensee“ (Kirchensee) zeigt. Oder richtiger: ein paar Hundert Meter nördlicher. Heute sind es vom Karkensee bis zur Südspitze reichlich 3 1/2 Kilometer.

Am auffallendsten aber ist wohl die Tatsache, daß auf der Lubinschen Karte die heute 3 1/4 Kilometer

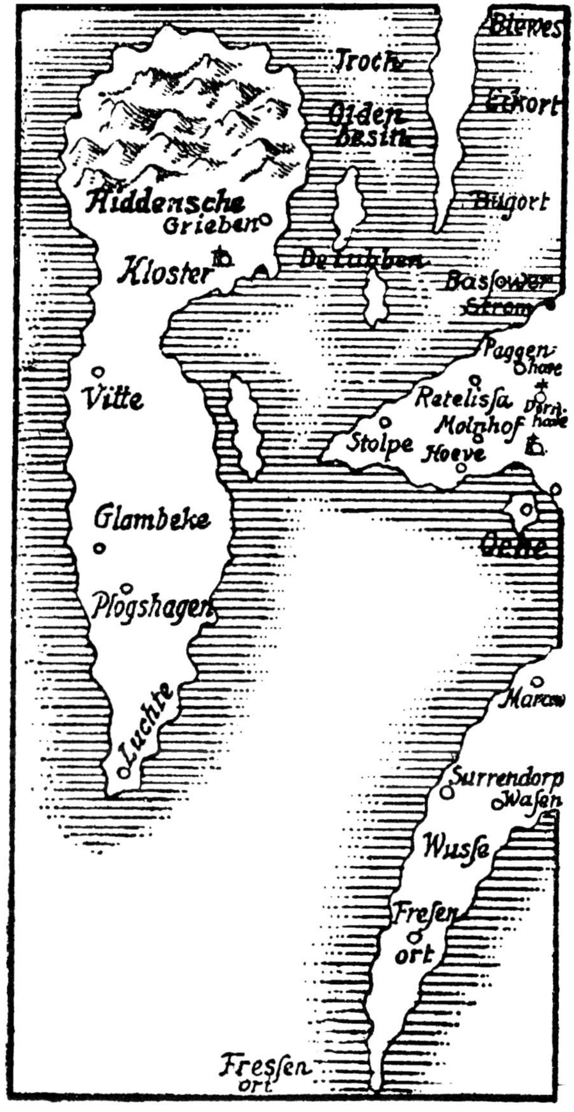

Hiddenſee um 1618

Leuchtturm auf dem Dornbusch, der höchsten Erhebung von Hiddensee

lange Halbinsel Alt-Bessin (olden Besin) gar nicht als Halbinsel vorhanden ist, sondern eine abseits liegende Insel für sich bildet. Sie ist später an Hiddensee angewachsen. Auf einer guten schwedischen Karte von 1695, angefertigt im Auftrage der schwedischen Regierung, ist sie aber schon eine Halbinsel. Ein junger Geologe (Haltenberger) hat nach eingehenden Kartenforschungen berechnet, daß Alt-Bessin in den 191 Jahren von 1695 bis 1886 um 700 Meter länger geworden sei, das Hiddenseer Flachland nach der Südspitze hin aber um 1300 Meter, in demselben Zeitraum. Wie groß der Zuwachs von 1618 bis 1924, also in 306 Jahren, war, das wäre noch zu ermitteln. Leider läßt die Ungenauigkeit der alten Karten aber keine sicheren Ergebnisse erwarten. Dieser Vorgang des Wachstums durch weitere Landanschwemmungen, durch Bildung von Untiefen und Flugsandbestreuung schreitet auch jetzt noch immer weiter fort. An der Südspitze Alt-Bessins liegt bei niedrigem Wasserstande schon sehr lange eine mächtige Sandbank, die Bessinsche Schaar, bloß. Sie könnte einst vielleicht die Halbinsel um mehrere Kilometer weiter verlängern. Nur beiläufig sei hier erwähnt, daß der holländische Kartenstecher auf der Lubinschen Karte den Namen Hiddensee oder Hiddensehe, wie man auch oft schrieb, fehlerhaft in Hiddensche verwandelt hat, was die Nachdrucker dieser Karte und ihre späteren Auflagen ruhig übernahmen.

Wir sahen so, wie das Bergland oben zwar am Westrande abbröckelte, doch an Schönheit immer zugenommen hat. Aber auch das Flachland wächst nicht nur an Größe, sondern auch an Reizen. Die Halbinsel Alt-Bessin weist im nördlichen Teil schon undurchdringlichen Buschwald auf. Hinter Vitte beginnt bald die im August und September so prächtig blühende weite Heide, und weiterhin am Ostseesaum ziehen sich wohl eine gute Stunde lang die neuen Wälder hin. Der Gellen ist wohl noch recht öde, aber auch hier werden vielleicht einst Wälder entstehen. Hiddensee ist zum großen Teil ein Naturschutzpark geworden und die hier so reiche Vogelwelt soll erhalten und nicht der Ausrottung durch Menschenhand überliefert werden. Daß die Entwicklung der Badeorte einen großen Menschenstrom heranzieht, muß man seinen Mitmenschen gönnen, die auch das Schöne genießen möchten. Es sind doch nur ein paar Monate im Jahre. Gewiß erfaßt uns ein gelindes Grauen, wenn wir daran denken, daß einst vielleicht vom Norden bis zur Südspitze eine Kraftwagenstraße entstehen oder gar eine Eisenbahn dahinrollen könnte. Aber noch ist diese Gefahr nicht vorhanden, wenn wir in den Kriegsjahren auch oft Flieger über der Insel hin und herfliegen sahen und neuerdings in der Nacht recht unliebsam die Motoren moderner Fischerboote klappern hören. Der wachsende Sinn für Natur- und Heimatschutz wird uns hoffentlich vor den schlimmsten Dingen, vor erdrückenden Hotelkasernen, vor geschmacklosen Protzenvillen und vor Verschandelungen der Natur und der ganzen Gegend glücklich bewahren!

Steilküste und Leuchtturm auf dem Dornbusch

Badehütten am Strand von Kloster

Folgende Doppelseite: Der heute bebaute Weg zum Strand in Kloster

**Strandkörbe mit der Hucke
im Hintergrund**

Gerhart Hauptmanns Wohnhaus

Vorgeschichte und Geschichte der Insel Hiddensee

Von Prof. Dr. A. Haas

Zahlreiche steinzeitliche Funde, die auf Hiddensee, zumal auf dem nördlichen Teile der Insel, gemacht worden sind, beweisen, daß die Insel schon in weit entlegenen Zeiten Trägerin einer gewissen Kultur gewesen ist. Die Fundgegenstände, Beile, Äxte, Sägen, Dolche, Messer, sind teils in das Stralsunder, teils in das Stettiner Altertumsmuseum gelangt. W. von Platen entdeckte vor dreißig Jahren auf Hiddensee eine Feuersteinwerkstätte, die fertige und halbfertige Geräte, Absplisse und rohe Knollen und sogar noch die Behausteine enthielt; die Werkstatt machte den Eindruck, als wenn sie im Laufe der Jahrhunderte ganz unberührt geblieben und eben erst von den Bearbeitern der Geräte verlassen worden sei.

Auch vorgeschichtliche Grabanlagen haben sich ehedem auf der Insel befunden. In einer steinzeitlichen Grabkiste auf dem Aschkoben sollen die Mönche beim Verlassen der Insel ihre Klosterschätze versteckt haben. Auf anderen „heidnischen Begräbnisplätzen", von denen der Sand weggeweht war, fanden sich 1833 und 1844 Urnenscherben, Knochen, steinerne Geräte, Kohlen und Bernsteingeräte. Aus einem Grabe oberhalb des Dorfes Grieben wurden 1838 Nadeln, Fischangeln, angebrannte Knochen und Brakteaten geborgen. Die Brakteaten weisen auf die Slawenzeit (6. – 12. nachchristliches Jahrhundert) hin.

Die letzten Jahrhunderte, die dem Beginn der Geschichte unmittelbar vorausgingen, sind angefüllt mit einer ununterbrochenen Reihe von Kämpfen mit den nördlichen Nachbarn auf den dänischen Inseln. Bald suchten die Dänen mit ihren Drachenschiffen die rügenschen Küsten heim, bald unternahmen die seebefahrenen Ranen, die Bewohner der Insel Rügen, ihre kühnen Wikingerfahrten nach den dänischen Inseln hinüber. Der der Insel Hiddensee gegenüber liegende Teil Rügens, das Land Walung oder Wallung, bot mit seinem Hafen Skapparöd (Schaprode) nicht nur sichere Zuflucht bei hereinbrechenden Stürmen, sondern auch einen bequemen Ausgangspunkt für Raub- und Plünderungszüge. Oft genug wird in jenen Zeiten das Flammenzeichen der Hiddenseer Bake das Herannahen der Feinde verkündet haben, und oft genug werden sich auf den Gewässern um die Insel herum die erbittertsten Seekämpfe abgespielt haben.

Am bekanntesten unter diesen Kämpfen ist die Seeschlacht bei Swälder, die am 9. oder 10. September des Jahres 1000, wahrscheinlich südlich von der Insel Hiddensee stattfand. Der norwegische König Olaf Tryggwason, der den Wendenkönig Burisleifr (Boleslaw) in Stettin besucht hatte, geriet auf der Rückreise von dort in einen Hinterhalt, den ihm sein Gegenkönig und dessen Verbündete gelegt hatten. Olaf verschmähte die Flucht, mußte aber trotz tapferer Gegenwehr der Übermacht der Feinde erliegen. Um nicht in die Hände derselben zu fallen, sprang Olaf mit seiner ganzen goldglänzenden Rüstung ins Meer.

Es ist die Vermutung ausgesprochen worden, daß der 1872 – 1874 gefundene Hiddenseer Goldschmuck zu

Swantiwittschlucht, benannt nach einer keltischen Gottheit

dem Horte des nordischen Königs gehört hat; die Vermutung scheint aber doch nicht zutreffend zu sein.

Dieser Goldschmuck, der im Stralsunder Museum aufbewahrt wird, besteht aus 14 zu einem Brustschmucke gehörenden Hängestücken, einer schildförmigen Scheibenfibel und einem Halsringe. Die Fundstelle befindet sich bei dem Dorfe Neuendorf. Das erste Stück des Schmuckes wurde am 14. November 1872, dem Tage nach der großen Sturmflut vom 12. – 13. November, im Sande liegend an einer Stelle des Strandes gefunden, von der die Düne weggespült war. Weitere 7 Stücke wurden Pfingsten 1873 an derselben Stelle entdeckt, und 1874 wurde der Rest gefunden, nachdem am 10. Februar eine abermalige Sturmflut das Land verheert hatte. Die Art der Auffindung beweist, daß der Schmuck aus dem Innern der Insel herausgespült, nicht vom Meere ausgeworfen ist. Das in der Ornamentation der Fibel und der Hängestücke durchgehende Motiv ist der Eulenkopf, von dem phantastisch verschlungene Windungen auslaufen. Diese Windungen stellen sich auf der Fibel als Drachenleiber dar, die in zweizehigen Klauen endigen. Als Zeit der Herstellung des Schmuckes läßt sich mit ziemlicher Bestimmtheit das zehnte Jahrhundert bezeichnen.

Etwas älter als dieser allgemein bekannte Hiddenseer Goldschmuck ist ein am 24. Juni 1888 an der Nordwestküste von Hiddensee, in einer Meerestiefe von 5 Metern gefundener, massiv goldener Armring von 682 Gramm Schwere. Die Gestalt des Ringes ist eine ovale; nach der Mitte der einen Langseite zu verjüngen sich die Schenkel des Ringes ein wenig und münden in die geöffneten Rachen zweier Schlangen- oder Delphinköpfe, deren Hälse durch punktierte Bänder miteinander verbunden sind. Der Armring, der vom Völkerkunde-Museum in Berlin für 3000 Mark angekauft worden ist, ist zweifellos nordischen Ursprungs und ungefähr im achten Jahrhundert verfertigt.

Mit dem zwölften Jahrhundert werden die Nachrichten über Hiddensee zahlreicher und zuverlässiger. Im Jahre 1159 machten die Dänen die Insel zum Ausgange eines Plünderungszuges, der ursprünglich der Feste Arkona gelten sollte, dann aber gegen die festländischen Besitzungen der rügenschen Fürsten gerichtet wurde. Im Jahre 1166 kam ein vorübergehender Friede zwischen Dänen und Rügianern zustande, und dieser wurde auf Hiddensee – nach dem Berichte Saxos auf der Insel Dänholm – abgeschlossen.

Im Jahre 1168 landete König Waldemar von Dänemark abermals auf Hiddensee; von hier aus setzte er nach der Halbinsel Wittow über, eroberte die Swantewitfeste zu Arkona und führte das Christentum auf Rügen ein. Mit diesem für die Folgezeit bedeutungsvollen Ereignis beginnt die geschichtliche Zeit der Insel Rügen und damit auch der Insel Hiddensee.

Fürst Jaromar I. von Rügen (1168 – 1218) war nicht nur auf die Ausbreitung der christlichen Lehre bedacht, sondern sorgte auch für die Hebung der Kulturzustände in seinem rügenschen Reiche. Im Jahre 1209 gründete er an der pommerschen Küste, der Insel Rügen gegenüber die Stadt Stralsund, die sich in kurzer Zeit zu einer blühenden Handelsstadt emporarbeitete. Die ganze Schiffahrt von und nach Stralsund führte aber an der Insel Hiddensee vorbei, und zwar durch die Wasserstraße zwischen Hiddensee und der rügenschen Westküste. Dieses Fahrwasser, das bis auf den heutigen Tag sehr eng und schmal ist, war auch damals schon sehr mangelhaft, und deshalb mußten die größeren Schiffe auf der Höhe des Dornbusches liegen bleiben und warten, bis kleinere leichtere Fahrzeuge der Stralsunder kamen, um die Waren der fremden Schiffe zu löschen und diese auf demselben Wege wieder zu beladen. Bei der Enge des Gewässers werden Strandungen öfter vorgekommen sein; die gestrandeten Güter aber wurden von den Bewohnern der Insel als willkommene Beute betrachtet. Wiederholte Verbote dieser Unsitte durch die Landesfürsten (1251, 1289, 1297) scheinen fruchtlos geblieben zu sein, und die barbarische Sitte des Strandraubes wird in jenen Zeiten gewiß mit rücksichtsloser Härte von den Hiddenseern ausgeübt worden sein. Die Sitten der Insulaner waren eben noch roh, und das Land mochte wenig ertragsreich sein, so daß seine Bewohner nur ein kümmerliches Dasein fristeten.

Unter solchen Umständen faßte Fürst Wizlaw II. von Rügen (1260 – 1302) den Plan, den unwirtlichen Zuständen auf Hiddensee durch Anlage eines Klosters ein Ende zu machen, und es war gewiß eine glückliche Wahl des Fürsten, daß er hierfür gerade die Cisterzienser, die Vorkämpfer für Kultivierung von Land und Leuten, ins Auge faßte. Am 13. April 1296 beauftragte Wizlaw II. unter Überweisung der nötigen Mittel (Insel Hiddensee mit Fischereigerechtigkeit, Zarrenzin und Halbinsel Zingst) das Cisterzienserkloster Neuenkamp, das an der Stelle der heutigen Stadt Franzburg lag, auf Hiddensee ein neues, dem heiligen Nikolaus, dem Beschützer der Seefahrer, zu weihendes Kloster zu gründen.

Die Vorbereitungen zur Ausführung der neuen Stiftung wurden sofort in Angriff genommen. Zunächst wurde die Genehmigung des Bischofs von Roeskilde, dem die Insel Rügen in geistlicher Beziehung unterstellt war, nachgesucht, und Bischof Johann von Roeskilde gab denn auch noch im Jahre 1296 seine Einwilligung, doch wahrte er sich hierbei ausdrücklich sowohl die Rechte des Roeskilder Bischofs, als auch diejenigen der Parochialkirche, zu der die Insel Hiddensee bisher gehört hatte. Diese Parochialkirche war die Kirche zu Schaprode, und der dortige Pleban, mit Namen Wulfard, der gegen die Gründung des Klosters selbst nichts einzuwenden hatte, erhob sofort Einspruch, als die Klosterleute Miene machten, ihm die Seelsorge auf Hiddensee zu entziehen. Eine solche Absicht schien aber unverkennbar vorzuliegen. Denn die Cisterzienser begannen gleichzeitig mit dem Bau des Klosters und der unmittelbar daneben liegenden Klosterkirche, auch noch eine zweite gleichfalls dem heiligen Nikolaus geweihte Kirche auf dem Gellen zu bauen, welche offenbar als Gemeindekirche dienen sollte. Um seinem diesbezüglichen Einspruch Ausdruck zu geben, ließ Wulfard durch zwei zufällig anwesende Kanoniker ein Steinchen in den eben begonnenen Neubau hineinwerfen. Später aber ließ er sich durch eine lebenslängliche Rente von 2 1/2 Mark abfinden. Auch Wulfards Nachfolger haben diese Rente noch bis zum Jahre 1430 ausgezahlt bekommen.

Aber auch bezüglich der übrigen Dotationen waren noch manche Schwierigkeiten zu überwinden, bevor das neugegründete Kloster in den völligen Genuß der fürstlichen Zuwendungen gelangte.

Die Erben des Ritters Andreas Erlandson, nämlich seine Witwe Ingifried und ihr minderjähriger Sohn Andreas, erhoben Anspruch auf die eine Hälfte von Hiddensee nebst der vollen Gerichtsbarkeit. Sie verglichen sich mit dem Kloster 1297 dahin, daß sie unter Vorbehalt gewisser Rechte und gegen Empfang von 100 Mark reinen Silbers und 200 Mark slawischer Pfennige ihren Ansprüchen entsagten; die vorbehaltenen Rechte bestanden darin, daß sie den Holzbedarf für ihren in Schaprode gelegenen Hof von Hiddensee holen, die Schweine zur Eichelmast in den Hiddenseer Wald treiben, die Fischerei im bisherigen Umfang ausüben und endlich die Hälfte der gestrandeten Güter erhalten sollten. In ähnlicher Weise wurde der ehemalige Vogt der Insel, mit Namen Detlev, der Ansprüche auf das Dorf Grieben und einige nahe gelegene Wiesen erhob, durch Zahlung von 40 Mark slawischer Pfennige abgefunden.

Was die außerhalb der Insel Hiddensee gelegenen Besitzungen betrifft, so verzichtete der Ritter Heinrich von der Osten auf sein Besitztum Zarrenzin, das super Bore d. i. auf dem bewaldeten, nördlich von Stralsund bis Barhöft reichenden Landrücken lag, und die Gebrüder Dotenberg verzichteten auf ihr Be-

Strandleben in Kloster

**Flugverbindung Stralsund –
Hiddensee mit der Ju 33**

Torbogen in Kloster

sitztum auf dem Zingst gegen Zahlung von 200 Mark slawischer Pfennige und gegen das Versprechen jährlicher Anlieferung von 60 Fudern Brennholz.

Trotz all dieser Schwierigkeiten ließ es das Kloster Neuenkamp nicht an Eifer und Energie fehlen, die neue Stiftung gemäß dem Plane des Fürsten zur Ausführung zu bringen. Besonders wurde der Bau des Klosters von Anfang an mit der denkbar größten Anstrengung gefördert. Die Aufsicht über den Bau führte der Prokurator Heinrich. An der Stelle, wo heutigen Tages der Gutshof Kloster liegt, wurden die neuen Gebäude errichtet. Bereits im Jahre 1297 konnte eine vom Cisterzienserorden entsandte Kommission feststellen, daß die Gebäude vollständig eingerichtet und genügend ausgestattet seien, um den Abt und den Konvent aufzunehmen. Die Übersiedlung derselben nach Hiddensee wird vermutlich noch im Jahre 1297 erfolgt sein. Bei einer abermaligen Revision im folgenden Jahre stellte sich heraus, daß die aus milden Stiftungen zu erwartende Einnahme hinter den Erwartungen zurückgeblieben war. Um diesen Ausfall zu decken, überwies der Neuenkamper Konvent dem neuen Kloster drei Salzpfannen zu Lüneburg mit allen Erträgen und Nutzungen.

Außer den eigentlichen Klostergebäuden wurden gleich anfangs zwei Gotteshäuser errichtet, einmal die nur für die Mönche bestimmte Klosterkirche, die unmittelbar neben den Kloster lag, und sodann die schon erwähnte Kirche auf dem Gellen. Die letztere diente als Kirchspielskirche. Sie lag eine Viertelmeile von der jetzigen Südspitze der Insel Hiddensee entfernt; ihre Fundamente stecken noch jetzt in der Erde. Im Juni 1899 hatte das Hochwasser einen Teil der Fundamente bloßgelegt: sie waren an der Westseite 10 Meter lang und mehr als 1 Meter dick; der Eingang befand sich an der Nordseite; an der Südseite befand sich ein quadratischer Anbau von 3 Meter Seitenlänge. Den Gottesdienst in der Kirche versah je ein Mönch des Klosters, und im Jahre 1311 wurde dieser vom Roeskilder Bischof ermächtigt, Schiffern und anderen dort ankommenden Fremden die Sakramente zu reichen.

Die große Entfernung der Kirchspielskirche vom Kloster mochte manche Unbequemlichkeit im Gefolge haben. Deswegen erbaute das Kloster im Jahre 1386 vor dem Klostertore noch eine Kapelle, in der fortan die Seelsorge der Gemeindemitglieder gehandhabt wurde. Diese Kapelle wurde in der Folgezeit – wahrscheinlich zum Unterschiede von der Klosterkirche – die Bauernkirche genannt; sie lag wohl auf der derselben Stelle, an der die heutige Kirche in Kloster sich befindet.

Auch auf die Fürsorge für Arme und Kranke erstreckte sich die Tätigkeit der Mönche. Im Jahre 1306 erteilte Bischof Olaf von Roeskilde dem Kloster die Erlaubnis, an geeigneter Stelle ein Krankenhaus zu errichten. Möglicherweise ist damit ein „Elendenhaus" oder Fremdenhaus gemeint. Über die weiteren Schicksale dieser Stiftung ist nichts bekannt. Im 16. Jahrhundert hören wir von einem Siechenhause, das in der Nähe des Klosters lag.

Im Jahre 1306 verglichen sich das Kloster und die Stadt Stralsund über eine auf der Südspitze der Insel zu errichtende Seeleuchte. Die Stadt übernahm es, die erforderlichen Bauten aufzuführen und für alle Zeiten in Stand zu halten; das Kloster verpflichtete sich, die Leuchte mit Kerzen zu versehen und einen Wärter zu unterhalten; die Leuchte sollte vom 8. September bis 1. Mai brennen. Da die Südspitze der Insel sehr flach verläuft, so mußten zunächst Bollwerke aufgeführt werden. Wer beim Bau derselben und bei Errichtung der Leuchte half, erlangte durch bischöfliche Vergünstigung einen vierzigtätigen Ablaß. So kam denn jenes Werk zustande, das für Jahrhunderte der Südspitze der Insel den Namen „de Lucht" verschafft hat. Es war das dritte Leuchtfeuer im Ostseegebiet (1210 Leuchtturm zu Travemünde und 1230 Leuchtfeuer der Lübecker auf Falster). Mit dem Jahre 1536 ging das Hiddenseer Leuchtfeuer ein.

Hotel „Hitthim“ am Hafen von Kloster

Klara Haeckermann, die Besitzerin des Hotels Hitthim, schrieb diese Karte

So waren Abt und Konvent des Klosters in jeder Weise bemüht, die an sie gestellten Aufgaben zu erfüllen. Infolgedessen mehrten sich die anfangs nur spärlich eingehenden Schenkungen und Stiftungen von Jahr zu Jahr; ja, das Kloster konnte bald größere Summen aufwenden, um durch Rentenkäufe seinen Grundbesitz zu vermehren. Die meisten Klosterbesitzungen lagen in den Kirchspielen Schaprode und Trent und auf der Halbinsel Wittow, also in Gegenden, die dem Kloster örtlich nahe waren und in denen die Konkurrenz anderer Klöster nicht sehr stark war. Die Erwerbungen in Pommern suchte das Kloster nach Möglichkeit gegen andere, näher gelegenen Güter zu vertauschen. Im Jahre 1335 überließ das Kloster einen Teil der entfernteren Güter dem Mutterkloster Neuenkamp. In denjenigen Gütern aber, in denen das Kloster einmal festen Fuß gefaßt hatte, suchte es die zuerst erworbene Hufenzahl ständig zu vergrößern. Die Zahl der einzelnen Höfe, Güter und Dörfer, die allmählich in den Besitz des Hiddenseer Klosters übergingen, betrug im Anfange des 16. Jahrhunderts etwa 60 an Zahl.

Die Siedlungstätigkeit der Hiddenseer Mönche wird wie überall, wo sich Cisterzienser bestätigt haben, nicht gering gewesen sein. Als die Klosterleute ihren Einzug auf der Insel hielten, gab es hier nur drei Ortschaften, nämlich Grieben (Pilzort), Vitte und Glambek (Tiefenort). Die Ortschaft Glambek, die nördlich von Plogshagen lag, ist durch eine Sturmflut des 17. Jahrhunderts zerstört worden. Es ist nicht zu bezweifeln, daß das Kloster zum Zwecke der Kultivierung des Landes Ansiedler aus dem westlichen Deutschland, aus dem alten Sachsenlande und aus Friesland, herbeigerufen und auf der Insel seßhaft gemacht hat. Die Ortschaft Plogshagen mag damals entstanden sein. Neuendorf soll erst im 17. Jahrhundert angelegt sein. Auch die bis um 1800 erhaltenen Volkstrachten der Hiddenseer scheinen auf die westdeutsche Heimat der ehemaligen Kolonisten hinzuweisen. Außerhalb der Insel Hiddensee haben die Mönche vielfach eigene Ackerwirtschaften und Höfe angelegt, wie z. B. Hermannshagen aus Jasmund (1339), teilweise haben sie die erworbenen Besitzungen in Pachthöfe umgewandelt.

In den Jahren 1373 und 1389 wurde das Kloster von Feuersbrünsten heimgesucht; besonders verheerend war die letztere Feuersbrunst, die nicht nur das Kloster, sondern auch die Klosterkirche zerstörte. Über zwanzig Jahre gebrauchte das Kloster, um den Schaden wiedergutzumachen; erst im Jahre 1410 wurde die neue Kirche durch einen Vertreter des Bischofs von Roeskilde eingeweiht.

Die Stadt Stralsund, mit der das Kloster besonders in den ersten Jahrzehnten in gutem Einvernehmen stand, räumte dem Abt einen Platz zwischen Küter- und Kniepertor in der Nähe der Stadtmauer – jetzt Mühlenstraße 15 – ein, damit er sich daselbst ein Absteigequartier für sich und seine Leute errichtete; das ist der sogen. Hiddenseeische Hof, der diesen Namen bis ins 17. Jahrhundert hinein erhielt. In späterer Zeit aber, z. B. 1371 – 1376 und 1420, kam es mehrfach zu ernsten Reibereien zwischen den Stralsundern und den Klosterleuten. Auch von anderer Seite erfuhr das Kloster, zumal im Verlaufe des 15. Jahrhunderts, Ausschreitungen und Gewalttätigkeiten. Im Jahre 1456 lagen Seeräuber vor dem Gellen, die dänische Schiffe ausplünderten.

In der zweiten Hälfte des 15. Jahrhunderts geriet das Kloster in finanzielle Schwierigkeiten, deren eigentliche Ursache nicht mehr zu erkennen ist. Aus den Urkunden ergibt sich, daß mehrfach Anleihen aufgenommen werden mußten. Erst die umsichtige Verwaltung des Abtes Heinrich Svinemann (1485 bis 1497) beseitigte die finanziellen Schwierigkeiten.

Über das Leben der Mönche innerhalb der Klostermauern ist nur wenig zu sagen. Außer dem Abt werden noch der Prior und Unterprior, der Kellner und Unterkellner, der Bursar und der Pförtner genannt. Im Jahre 1382 gab es außer dem Abte elf Mönche im Kloster. Der Abt hatte den Rang eines

Blick zum Hafen in Kloster

Bergrestaurant
„Zum Klausner"

Prälaten und die Berechtigung, den Bischofsstab zu tragen; auch nahm er an den Landtagen teil. Das Kloster erfreute sich des Ehrenzeichens der goldenen Rose. Einmal ist die Rede von einem Mönche Heinrich Kuddezow, der wegen schwerer Ausschreitungen ins Gefängnis gesetzt wurde (1382). Von solchen außergewöhnlichen Fällen abgesehen, wird das Leben der Mönche ziemlich einförmig verlaufen sein.

Höchstens mögen die alljährlichen Revisionen des Klosters von seiten des Neuenkamper Abtes etwas Abwechslung in das tägliche Einerlei gebracht haben. Außerhalb der Insel Hiddensee hatte man keine allzu günstige Meinung von dem dortigen Klosterleben; denn als sich der Mönch Hermann von Pole im Kloster Doberan im Jahre 1345 schwere Vergehen hatte zuschulden kommen lassen, versetzte man ihn zur Strafe nach Hiddensee tamquam exulem wie einen Verbannten.

Nun hätten sich die Mönche ja durch die Beschäftigung mit den Wissenschaften die Zeit vertreiben können. Und das ist auch ohne Zweifel geschehen. Einige Male ist die Rede von Büchern, die sich im Kloster befanden. Einzelne Konventsmitglieder des Hiddenseer Klosters sind im 15. und 16. Jahrhundert auf den Universitäten zu Greifswald und Rostock immatrikuliert gewesen, und bei der Stiftung der Universität Geifswald im Jahre 1456 ist auch das Hiddenseer Kloster beteiligt gewesen. Die Rügensche Chronik bemerkt, daß die Mönche im Kloster Hiddensee gewohnt waren, „auf Pergamenen die Patres abzuschreiben und die alten Musicalischen Concerte und Lateinischen Kirchen-Gesänge und Noten zu bezeichnen“. Aber diese wissenschaftliche Betätigung der Mönche scheint doch keine allzu große gewesen zu sein.

Im Jahre 1527 hatte sich das Kloster seine Besitzungen durch die Herzoge Georg I. und Barnim IX. noch einmal bestätigen lassen. Bald darauf – es war im Jahre 1534 – wurden die Klostergüter vom Herzoge eingezogen, und im Jahre 1536 wurde das Kloster nach 240jährigem Bestehen aufgelöst, indem Abt und Mönche ihres Amtes enthoben wurden. Am Sonntage nach St. Gallus 1536 verließ der letzte Abt Jürgen Vilter nebst seinem Prior Matthias die Insel.

Das Klostergebäude wurde in ein fürstliches Amtshaus umgewandelt und ein eigener Rentmeister zur Verwaltung der Einkünfte bestellt.

Die Mönche zerstreuten sich über die ganze Insel. Einige nahmen die neue Lehre an und wurden Prediger; „etliche aber haben“, wie die Rügensche Chronik berichtet, „im Lande lange Jahre herumgebettelt und einen so lieben Ort nicht quittieren wollen.“ Der letzte Abt Georg Vilter starb in Stralsund als angesehener Mann und wurde daselbst am 31. Juli 1560 in der Nikolaikirche beigesetzt.

Das Hiddenseer Rentamt bestand nur 30 Jahre; im Jahre 1570 wurde es mit dem Berger Domanialrentamt vereinigt. Von der Zeit an gingen die Hiddenseer Klostergebäude einem schnellen Verfalle entgegen, doch bestanden sie noch bis in die Zeiten des Dreißigjährigen Krieges. Während desselben aber wurden sie, da die Insel von den Dänen, den Kaiserlichen und später von den Schweden besetzt wurde, völlig zerstört. Im Anfange des 18. Jahrhunderts stand noch so viel, daß man neben der langen steinernen Mauer die eingefallenen Zellen wahrnehmen konnte. Heutzutage stehen nur noch geringe Reste von der westlichen Umfassungsmauer und das dreiteilige Eingangsportal. Die Fundamente der Klostergebäude stecken noch in der Erde.

Außer diesen Resten ist noch der Leichenstein des vierzehnten Abtes des Klosters, Johannes Runnenberg mit Namen, der dem Kloster 1466 – 1475 vorstand, in dem heutigen Kirchengebäude zu Kloster erhalten. Es ist ein schwedischer Sandstein mit der Inschrift: Anno domini MCCCCLXXV prima feria post (festum) dedicacionis ecclesie nostre obiit dominus Johannes Runnenberch, qui fuit quartus decimus abbas huius domus, quam rexit decem (annos).

Das Andenken an das Kloster und seine Herrlichkeit hat sich im Volksmunde lange Jahre hindurch lebendig erhalten. Der Sage nach haben die Mönche beim Verlassen der Insel große Schätze an geweihten Kirchgefäßen, an goldenen und silbernen Geräten in einem Versteck auf der Insel zurückgelassen. Damit will das im Jahre 1525 aufgenommene Verzeichnis der im Kloster vorhandenen Kleinodien und Meßgewänder aber schlecht übereinstimmen.

Während der Kriege des 17. Jahrhunderts erhielt die Insel Hiddensee mehrfach feindliche Besuche. Während des Dreißigjährigen Krieges scheinen die Kaiserlichen am schlimmsten auf Hiddensee gehaust zu haben; ihnen wird nicht nur die Zerstörung der Klostergebäude, sondern auch die Vernichtung des Waldes auf dem nördlichen Teil der Insel schuld gegeben; man sagt auch, daß sie die Ortschaft Glambek eingeäschert haben. Im Jahre 1676 landete eine dänische Flotte von acht Kriegsschiffen und einer Anzahl Schaluppen auf Hiddensee; bei der Recognoscierung der Insel zeigte sich aber, daß die Bewohner ihr Hab und Gut nach Rügen hinübergeschafft hatten.

Inzwischen hatte Herzog Philipp Julius von Pommern-Wolgast, der sich in beständiger Geldnot befand, Hiddensee im Jahre 1608 an seinen Rentmeister Joachim von Scheele auf 20 Jahre verpfändet. Nach Ablauf der Pfandzeit trat Herzog Bogislaw XIV. die Insel im Jahre 1629 an seine Schwester Anna, die Herzogin von Croy und Areschott ab, und deren Sohn, der Herzog Ernst Bogislaw von Croy, verkaufte die Insel dann im Jahre 1657 an den stralsundischen Ratsverwandten Bernd von Wolfradt. Aus dem Besitz des schwedischen Obristen Bernd Christoph von Wolfradt kam Hiddensee dann im 18. Jahrhundert an dessen Schwiegersohn, den Major Michael Matthias von Loos, der die Insel 1723 bis 1754 an den Rittmeister Bertram von Smiterlow verpachtete.

Die Erben des v. Loos verkauften die Insel im Jahre 1754 an den schwedischen Kammerrat Joachim Ulrich von Giese in Stralsund, dessen ältester Sohn Thuro Joachim von Giese die väterliche Hinterlassenschaft für 36000 Taler übernahm. Im Jahre 1800 verkauften die von Gieseschen Erben die Insel an den Hauptmann Friedr. Wilh. Lud. von Bagewitz auf Ralow, der sie bis zum Jahre 1835 besaß. Als er 1835 starb, ward Hiddensee an das Kloster zum Heiligen Geist in Stralsund für 68000 Taler verkauft. In dessen Besitz befindet sich die Insel noch jetzt.

Während so die Besitzverhältnisse der Insel mannigfaltig wechselten, war auch die sonstige Geschichte der Insel nicht ohne Abwechslung. Im Anfange des 18. Jahrhunderts wurde Hiddensee durch die Kriegsunruhen des Nordischen Krieges in Mitleidenschaft gezogen. Um das Fahrwasser nach Stralsund zu beherrschen, errichteten die Schweden auf der Fährinsel und auf der gegenüber liegenden rügenschen Seite zwei Schanzen, die, wenn auch nicht andauernd, so doch vorübergehend armiert waren.

Die Schanze auf der Fährinsel, die noch jetzt den Namen Schwedenschanze führt, ist noch leidlich gut erhalten. Sie hat die Form eines gleichschenklichen Dreiecks; jede Seite ist 40 Schritte lang; an den drei Ecken befinden sich breite Rondells; der Graben, der die Schanze rings umgibt, ist etwa 8 – 10 Fuß tief.

Vom Jahre 1711 ab wurden die Bewohner von Hiddensee mehrfach durch dänische Kaperschiffe beunruhigt. Infolgedessen bemannte der Kapitän Bernd Christoph von Wolfradt aus eigenen Mitteln eine Segeljacht und unternahm damit selbständige Erkundigungsfahrten in See; die Bemannung der Jacht bestand lediglich aus Hiddenseer Leuten.

Eine Wiederkehr des alten Wohlstandes, wie er zur Klosterzeit auf Hiddensee geherrscht hat, schien die zweite Hälfte des 18. Jahrhunderts bringen zu sollen. Als man um 1750 auf Hiddensee eine vorzügliche Walkererde entdeckte, erbaute der Kammerrat von Giese 1757 in Stralsund eine Fayencefabrik, die den Hiddenseer Ton verarbeitete. Das Unternehmen blühte auch anfangs – da brachten das Auffliegen des

Pulverturmes am Tribseer Tor 12. Dezember 1770 und der Bankerott des in die Leitung eingetretenen Hofrats Ehrenreich unliebsame Störung in den Betrieb, und im Jahre 1792 ging die Fabrik ein. Das in der Fabrik hergestellte, sogenannte Hiddenseer Porzellangeschirr ist jetzt ein seltener Artikel geworden, auf den von Sammlern eifrigst gefahndet wird.

Im 19. Jahrhundert hatte besonders die große Sturmflut vom 12. und 13. November 1872 schwerwiegende Veränderungen für die Insel und ihre Bewohner im Gefolge. Die ehedem auf Hiddensee allgemein üblichen Rauchhäuser mit den aus Lehm und Plaggentorf bestehenden Wänden wurden 1872 durch die Sturmflut so arg beschädigt, daß sie durch Neubauten ersetzt werden mußten; nur wenige blieben verschont, und von diesen steht zur Zeit nur noch ein einziges Wohnhaus.

Seit 1885 – 1890 begannen vereinzelte Touristen und Badegäste die Insel zu besuchen, und seitdem hat sich der Badeverkehr auf Hiddensee von Jahr zu Jahr gesteigert, auch haben sich die Unterkunftsverhältnisse der fremden Gäste im Laufe der letzten 25 Jahre wesentlich gebessert. Im Jahre 1888 wurde an der Außenküste Hiddensees der Leuchtturm errichtet und im Jahre 1911 eine Dampfsirene hinzugefügt. Auf den weiteren Ausbau des Bade- und Fremdenverkehrs beruht die Zukunft der Insulaner.

Das ehemalige Hotel „Am Meer" ist die heutige Vogelwarte. Hier machten Gerhart Hauptmann und Thomas Mann Urlaub

Kirche in Kloster

Blick über Kloster nach Osten

Blick über Kloster nach Westen

Folgende Doppelseite: Hotel „Dornbusch“ in Kloster

Die Volkssagen auf der Insel Hiddensee

Von Hans Findeisen

Die älteste sagenkundliche Nachricht von der Insel Hiddensee finden wir in einem Werke Ernst Henrich Wackenroders (1660 – 1734), der auf S. 346 f. seines Buches „Altes und neues Rügen" (2. Aufl. Stralsund 1732) eine Sage über Schätze mitteilt, die an dem Orte, wo früher das Kloster gestanden hat, zu finden sein sollte. Er berichtet:

Die Klosterschätze.

„Es wird erzehlet, daß vor diesen ein Hiddenseescher Schiffer nach Hispanien gesegelt, und wie er von einem unbekannten Mann gefragt worden: Was er für ein Landsmann wäre? da hätte er geantwortet: Er hörete auf Hiddensee, in der Insul Rügen, zu Hause; worauf der andere versetzet: Er müste wissen, daß an dem Orte, wo vor diesem das Kloster gestanden, grosse Schätze vergraben lägen."

Die nächste Nachricht über die Schätze des Hiddenseer Klosters gibt Thorwald in der Schilderung einer Reise wieder, die er auf den Darß, den Zingst und nach Hiddensee unternommen hatte und die er in der „Sundine" (Neu-Vorpommersches Unterhaltungsblatt nebst Literatur- und Intelligenz-Blatt für Vorpommern und Rügen) vom Jahre 1832 (Jg. VI) abdrucken ließ. Er spricht dort auf S. 90 f. in seinem Reisebericht „Winterliche Reisebilder, oder acht Novembertage am Nordstrand: auf dem Darß, dem Zingst und Hiddensee" von dem Mann im Fährhaus, der ihm erzählte, daß der „Sage nach auf dem Riff nach Möen zu die Fischer vor vielen Jahren ein Kästchen mit gediegenen Goldstangen gefunden hätten, auch kämen, wie es hieß, zu gewissen Zeiten verkleidete Geistliche aus fremden Ländern, um die Stellen in Augenschein zu nehmen, wo einst die Klosterherren beim Abzuge ihre Schätze vergraben hätten, um sie nicht ausliefern zu müssen. Thorwald fährt dann fort: „Sonderbar. Dies trifft mit dem ziemlich zusammen, was ich einst von einem Schiffer hörte: „daß ihn nämlich in einem Kloster einer italienischen (oder spanischen, ich besinne mich nicht mehr genau) Hafenstadt, das er aus Neugierde besehen hätte, die Mönche nach seinem Vaterlande gefragt, wie er Pommern und Stralsund genannt, sie sehr aufmerksam geworden, und sich gleich nach Hiddensee erkundigt hätten; einer ihn nachher bei Seite genommen, und vertraulich geäußert, auf dem Eiland Hiddensee lägen noch große Kirchenschätze vergraben, über welche in Rom ein Verzeichnis existieren solle; allein keiner könne sie finden, außer den Geistlichen, die darum wüßten."

Etwa 60 Jahre mußten vergehen, bis die Sage von den geheimnisvollen Klosterschätzen wieder in der Literatur auftauchte. Der Schriftsteller A. Freybourg, der 1889 eine sehr dankenswerte kleine Schrift druckte, „Hiddensee. Gesammelte Notizen über die Insel, das Kloster und die Grundherrschaft", Berlin (o. J.), teilt daselbst auf S. 11 eine weitere Fassung unserer Schatzsage mit, nach der die Mönche ihre Schätze in einem alten Steinhügelgrabe verborgen haben sollen, bevor sie das Kloster zu Hiddensee

Blick über die Insel nach Vitte

Blick über den Bodden nach Vitte

räumten und 1536 in dem Kloster Roeskilde auf Seeland in Dänemark ein Unterkommen fanden. Von dort aus sollen 1538 zwei Mönche nach Hiddensee gezogen sein, die Schätze aus dem Hünengrabe hervorgeholt und mit nach Dänemark genommen haben.

Aus den bisher besprochenen Fassungen der Sage von den Klosterschätzen erfahren wir nichts Näheres über die Art der von den Mönchen vergrabenen Kostbarkeiten. Eine Antwort auf diese Frage finden wir in einer von A. Haas[1] aufgezeichneten Sage, welche meldet, daß die Mönche „eine große Anzahl von geweihten Kirchengefäßen, prächtigen Gold- und Silbersachen und anderen Kostbarkeiten" auf der Insel vergraben mußten. In dem Aschkoben aber sollen eine Wiege und zwölf goldene Apostel vergraben liegen[2]. Dasselbe meldet auch A. Jürgensohn[3].

Betrachten wir die verschiedenen Varianten, so sehen wir, daß wir betreffs des Ortes, wo die Schätze vergraben sein sollen, drei voneinander abweichende Angaben besitzen. Einmal sollen sie an dem Orte, wo das Kloster gestanden hat, dann in einem Steinhügelgrabe (womit vielleicht der Rübenberg in Grieben gemeint sein kann und schließlich in dem Aschkoben untergebracht worden sein. Heutzutage bezeichnet man auf der Insel in Übereinstimmung mit der von A. Haas aufgezeichneten Fassung nur den Aschkoben als Ort, in dem sich die Schätze befinden sollen.

Eine Schatzsage, die auffaallend mit den Hiddenseer Überlieferungen übereinstimmt, berichtet Niederhöffer[4] von der Kirche zu Ankershagen. Es heißt dort, daß nach der Zerstörung der Burg zu Ankershagen Mönche Besitz von dem Orte genommen hätten, sich bis zum Dreißigjährigen Kriege dort behauptet, dann aber plötzlich vertrieben wurden. Bei ihrer unerwarteten und schnellen Vertreibung haben die Mönche viele Schätze in Ankershagen zurücklassen müssen, sie sollen aber vor ihrem Abzuge doch noch so viel Zeit gefunden haben, um ihre sämtlichen Wertsachen auf die Seite zu schaffen und sie wohl zu verbergen. In Zwischenräumen von 20 bis 25 Jahren sollen immer, nach den Berichten der Ankershagener Prediger, ausländische Männer bei ihnen erscheinen und um Öffnung der Kirche bitten. Wenn man ihren Wunsch erfüllt und ihnen die Kirche geöffnet hat, so sehen sie sich in dieser allenthalben ganz genau um, schlagen hier und dort prüfend mit einem kleinen mitgebrachten Hammer an die Mauern und entfernen sich dann wieder. Ebenso wie ihr Aussehn und ihre Manieren soll auch die Sprache dieser Männer eine fremde sein[5].

Neben den Schatzsagen ist die Sage von der Entstehung der Insel Hiddensee schon verhältnismäßig früh literarisch festgelegt worden, und zwar von Johann Jacob Grümbke (1771 – 1849), der sie auf S. 71 f. seines 1805 zu Altona erschienenen Buches „Streifzüge durch das Rügenland" mitteilt.

Die Sage von der Entstehung der Insel Hiddensee. Zu der Zeit, als die Slawen auf Rügen bekehrt werden sollten, wanderte ein christlicher Missionar auch nach Hiddensee und kam eines Abends spät in einem Fischerdorfe an. Er klopfte an die Tür der ersten besten Hütte und bat für Gotteslohn um Abendkost und Nachtlager. Die Bewohnerin der Hütte aber, ein Fischerweib, führte ihn schnöde ab und wies ihn an ihre Nachbarin, eine dürftige Witwe, die den heiligen Mann mit Speise und Trank erquickte, so gut die Armut es zu geben hatte und ihm eine Lagerstatt bereitete. Am nächsten Morgen verließ der Gast die Hütte mit den Worten: „Dir deine Mühe zu vergelten, gebricht es mir an Gold und Silber, allein das Geschäft, das du heute zuerst beginnen wirst, soll dir gesegnet sein!" – Nachdem der Missionar gegangen war, fing die Witwe, seiner Worte nicht weiter eingedenk, ein Stückchen Leinwand zu messen an, das sie gesponnen und gewoben hatte. Aber, o Wunder! sie maß und maß den ganzen Tag und noch die lange Nacht dazu, wohl über tausend Ellen, ehe sie des Leilachs Ende finden konnte. Von ihrem plötzlichen Überflusse legte sie mit Vorteil einen Handel an und wurde

Hotel und Restaurant „Schluck“ in Vitte

Das Hexenhaus, das älteste noch erhaltene Haus auf Hiddensee

durch die Segnungen ihres Gastes bald eine reiche Frau, ihrer Nachbarin zu großem Neide, die ihr das Geheimnis und die vermutliche Ursache ihres Reichtums abzulocken suchte und sich den Spruch des Heiligen hinters Ohr schrieb.

Nach einem Jahre erschien der Apostel wieder, klopfte an dieselbe Hüttentür, wo er so schnöde abgewiesen worden war und wiederholte die Bitte um Atzung und Herberge, um Gotteswillen. Die eigennützige Fischerin ließ ihn nicht zweimal bitten, setzte ihm das Beste vor und wies ihm eine reiche Lagerstelle an. Beim Anbeginn des Morgens verließ er sie mit dem ihr schon bekannten Spruch: „Das Ge schäft, das du heute zuerst beginnst, soll dir gesegnet sein!" Die Gierige, die dazu schon vorbereitet war, hatte einen Spartopf aus der Lade geholt und wollte zuvor nur noch eine gewisse Notsache abmachen, deren Aufschub dem berühmten Tycho de Brahe das Leben kostete, um darauf ihren Mammon desto ungestörter nachzuzählen, als – o Wunder! – doch du errätst dasselbe schon; kurz, der Spruch des Heiligen hatte einen wirksamen Ein- und Ausfluß, daß der Wassersegen das Land überschwemmte und Hiddensee von Rügen sonderte.

Eine abweichende Fassung hat A. Haas in Trent auf Rügen aufzeichnen können[6], nach der Mutter Hidden die Ehefrau eines armen Fischers war, bei der eines Tages ein Gnom an die Tür klopfte und sie um Nahrung und Obdach bat. Er wurde von Mutter Hidden freundlich aufgenommen, die ihm von allem gab, so gut, wie sie es hatte. Aus Dankbarkeit dafür versprach ihr der Gnom, ihr den ersten Wunsch, den sie habe, zu erfüllen. Als die Frau nun ihrem Gast zu trinken geben wollte, ging sie zum Brunnen, um Wasser zu holen. Dabei riß aber das morsche Seil des Brunnens, und sie verwünschte die ganze Geschichte und sagte, sie wollte, daß rund um ihr Haus und um ihren Brunnen lauter Wasser wäre. Dieser Wunsch wurde von dem Gnom sofort erfüllt, wodurch rund um sie her ein See entstand, der ein großes Stück Land von der Insel losriß, und dieses wurde dann „Hiddensee" genannt.

Die Unterirdischen in Vitte.

In Vitte haben die Unterirdischen gehaust. Ihr Reich lag unter den Häusern des Ortes, und dort gruben sie nach Schätzen. Die Vitter aber wußten nichts davon, bis eines Abends ein kleines Männlein zu dem Fischer Schall kam und ihn bat, doch die Kuh woanders hinzubringen, da sich gerade unter seinem Kuhstall ihre Tafel befände und ihnen der Unrat immer auf den Tisch fiele; auch wolle er sie bitten, nicht immer Kreuze auf das Brot zu machen, weil sie es dann nicht essen könnten und von Hiddensee wegziehen müßten. Die Vitter waren über die Worte des Zwerges sehr aufgebracht, schimpften auf die Unterirdischen, die ihnen das Brot wegäßen und taten nichts von dem, um was sie der Zwerg gebeten hatte.

Nachdem seit diesem Vorfall einige Zeit vergangen war, wurde eines Abends der schon schlafende Fährmann von einem prächtig gekleideten Zwerg, der einen langen, weißen Bart hatte und eine Krone auf dem Kopfe trug, herausgeklopft. Der Zwergkönig, denn dieser war es, versprach dem Fährmann eine reiche Belohnung, wenn er das Zwergenvolk nach Rügen, zum Seehof, übersetzen würde. Der Fährmann, dem die in Aussicht gestellte Belohnung sehr willkommen war, weckte auch seine Frau, damit sie ihm helfen möchte. Nachdem er die ganze Nacht ununterbrochen übergesetzt hatte, ohne die Zwerge selbst zu sehen, sagte eine Stimme zu der Frau des Fährmanns: „Macht eure Schürze auf, hier ist euer Lohn", und dabei wurde der Frau etwas Gelbes und Glänzendes in die Schürze geschüttet. Die Frau jedoch, welche glaubte, es sei Pferdedung, mit dem die Zwerge sie foppen wollten, schüttete schimpfend den Inhalt ihrer Schürze ins Wasser. Einiges aber davon fiel in das Boot, und das klang wie schweres Metall, und als sie sich bückte, sah sie ein paar schöne runde Goldstücke auf den Boden des Bootes liegen. Jetzt

An der Landungsbrücke in Vitte

Hotel zur Ostsee - Vitte a/Hiddensee

Bes. Ernst Freese - Fernsprecher 3

Gehobene Ausstattung des Hotels „Zur Ostsee"; oben Saal, unten Salon

Hotel „Zur Ostsee"

Blick über den Bodden nach Vitte von der Fischerbrücke aus

Der Hafen von Vitte

Dorfstraße in Vitte

merkte sie, daß sie die ganze Schürze voll Gold ins Wasser geworfen hatte, aber soviel sie sich auch mühte, etwas von dem Schatze wiederzubekommen, so war und blieb doch das Gold verschwunden, und alle ihren Bemühungen waren vergeblich[7].

Zu der Sage von dem Auszug der Unterirdischen bestehen in Norddeutschland viele Parallelen. Ich will hier nur auf eine von der benachbarten Insel Rügen hinweisen, in der der Glewitzer Fährmann die Überfahrt ausgeführt haben soll[8]. Auch hier sieht der Fährmann die Zwerge nicht, sondern schließt aus dem Einsinken des Bootes auf ihre Anwesenheit. Nachdem er die letzten herübergeholt hat, wird er gefragt, ob er einen Scheffel Geld haben, oder ob er kopfweise für seine Arbeit bezahlt werden wolle. Er wählt den Scheffel Geld, und als der Zwergkönig ihn fragt, ob er denn wohl wisse, wen er hinübergesetzt habe, und der Fährmann ihm mit ja antwortet, setzt er ihm seine Mütze auf, und da sieht der Fährmann das ganze pommersche Ufer von Unterirdischen wimmeln. Sie verließen Rügen, sagt der König zu ihm, weil für sie kein Segen mehr im Lande sei, seit die Menschen begonnen hätten, Brot und Getreide zu kreuzen und den Besen dann aufrecht hineinzustellen, mit dem Stiel nach unten, denn von da an hätten sie nicht mehr darankönnen.

Auf einer Wiese hinter Vitte, bei der Gastwirtschaft „Heiderose", sollen offene Särge stehen, die manch einer gesehen hat[9].

Gehen wir von Vitte noch weiter nach Süden, so kommen wir nach Neuendorf-Plogshagen. In den Dünen zwischen diesen beiden Dörfern erscheint um die Mittagszeit eine Schar kleiner Kinder, und man erzählt sich auch, daß es nur zwei kleine Jungen, zwei Zwillingskinder, seien[10]. Nach einer weiteren Überlieferung ist es ein zwei Jahre altes Kindchen, das bei Neuendorf um dieselbe Zeit badet[11].

Auf dem schon genannten Hexenberg sollen in der ersten Mainacht die Hexen zusammenkommen und dort ihre Tänze aufführen[12], auch weiß man von einer weißen Frau, die in den Bergen umgehen soll[13].

Im Himmel haben die Hiddenseer viel Lärm und Zank angestiftet. Da geschah es, daß einmal einige Zingster an das Himmelstor kamen; Petrus wollte sie jedoch nicht mehr hereinlassen, da der Himmel schon zu voll sei. Die Zingster, die nicht gerne wieder umkehren wollten, fragten Petrus, ob im Himmel denn auch Hiddenseer seien. „Ja", antwortete Petrus, „Hiddenseer sind wohl auch im Himmel, aber die machen soviel Krakeel, daß es fast nicht mehr zum Aushalten ist." Da fragten die Zingster: „Können wir nicht in den Himmel, wenn wir die Hiddenseer herausbringen?" Petrus antwortete: „Wenn ihr das fertigkriegt und die Hiddenseer Krakeelmacher herausschafft, dann könnt ihr meinetwegen dafür in den Himmel!" Da riefen die Zingster in den Himmel: „Hiddenseer, Schipp up 'n Strand!", und als die Hiddenseer das hörten, kamen sie eilends herbeigelaufen, und während sie sich noch nach dem Schiff umsahen, waren die Zingster auch schon in dem Himmel und konnten darin bleiben. Die Hiddenseer aber waren so für ihre Habgier bestraft worden und hatten das Nachsehen[14].

Zum Schluß müssen wir noch von einer Sage sprechen, die jetzt nicht mehr auf der Insel lebendig ist und deren Niederschrift wir dem etwa 1150 geborenen und nach 1216 gestorbenen dänischen Geschichtsschreiber Saxo Grammaticus verdanken, der sie uns in seiner Dänischen Geschichte aufbewahrt hat. Es handelt sich um eine Fassung der Hildesage, deren Schauplatz zum Schluß die Insel Hiddensee ist. In der Lebensgeschichte des mythischen „Friedenskönigs" Frothos III. wird erzählt[15], daß Hithin, der König eines bedeutenden norwegischen Stammes, mit 150 Schiffen zu Frothos Flotte kam und von diesem unter die vertrautesten Freunde eingereiht wurde. In der Umgebung Frothos befand sich auch der aus Jütland stammende Unterkönig Högin mit seiner Tochter Hilda, die eine hochberühmte Jungfrau war. Hithin, der sehr schönen Körpers, aber nur klein war, und Hilda verliebten sich ineinander, und späterhin verlobte Högin seine Tochter dem Hithin, nachdem sich beide zugeschworen, daß einer den anderen rächen würde, wenn einer von ihnen durchs Schwert fallen sollte.

Die nächste Zeit verging mit Kämpfen, auch fand eine große Schlacht statt, in der die Hunnen und ihre Hilfsvölker vernichtend geschlagen wurden. Inzwischen wurde Hithin bei Högin durch gewisse mißgünstige Leute angeschwärzt, als ob er seine Tochter vor der förmlich abgeschlossenen Ehe mit Verlockung zum Beischlafe entehrt hätte. Högin nahm mit gläubigen Ohren diesen erlogenen Bericht hin und griff mit einer Flotte den Hithin an, der bei den Slawen den Königszins einsammelte, wurde jedoch im Kampfe besiegt und wich nach Jütland zurück.

Als Högin jedoch seine Tochter hartnäckig zurückverlangte, entschied Frotho, daß der Handel durch Zweikampf entschieden werden sollte, was noch als das einzige Mittel erschien, den Streit zu schlichten. Im Kampfe erhielt nun Hithin einen scharfen Hieb; schon verließen ihn infolge des Blutverlustes die Kräfte, da erfuhr er ungehoffte Milde vom Feinde. Obwohl nämlich Högin volle Macht hatte, ihn zu erschlagen, ließ er doch in seinem Herzen die Wut der Milde weichen aus Erbarmen mit seiner Schönheit und seiner Jugend. So zog er denn das Schwert zurück, um nicht dem Jüngling, der in den letzten Zügen zuckte, das Lebenslicht auszulöschen. Hithin wurde von seinen Mannen zu den Schiffen getragen und behielt durch die Gnade des Gegners das Leben.

Sieben Jahre darauf schritten sie bei der Insel Hithinsö wieder zu einem Kampfe, und einer fiel von der Hand des anderen. Högin würde glücklich gewesen sein, wenn er gegen den einmal besiegten Hithin strenges Recht und nicht Milde hätte walten lassen. Man erzählt, daß die Sehnsucht der Hilda nach ihrem Mann so brennend gewesen sei, daß sie in der Nacht die Seelen der Gefangenen zu neuem Kampfe durch Zaubersprüche heraufbeschworen habe.

Anmerkungen

1 „Rügensche Sagen und Märchen". 1. Aufl., Greifswald 1891. Nr. 40 I. – 6. Aufl., Stettin 1922. Nr. 197 I.

2 Der Aschkoben ist ein durch zwei Höcker ausgezeichneter Hügel an der Westseite des Fahrweges nach dem Gasthau „Zum Klausner", gegenüber dem Hexenberg.

3 „Hiddensee das Capri von Pommern. Ein Reiseführer und Gedenkalbum". Stralsund 1913 – 14, S. 94.

4 „Mecklenburgs Volkssagen", II, 119. Leipzig 1859.

5 Auf eine weitere Erörterung der Hiddenseer Schatzsagen kann ich mich im Rahmen dieses Aufsatzes leider nicht einlassen, in einer besonderen Schrift über die Hiddenseer Sagen und Märchen in ihrem Verhältnis zu den Volksüberlieferungen des übrigen Norddeutschland, die der Verfasser vorbereitet, soll jedoch eine vergleichende Untersuchung der einzelnen Sagenmotive durchgeführt werden.

6 „Rügensche Sagen und Märchen", 1. Aufl. Greifswald 1891, S. 175, Nr. 185 II.

7 Nach einer handschriftliche Aufzeichnung d. Verf.

8 R. Baier: „Beiträge von der Insel Rügen" in „Zeitschr. f. deutsche Mythol. u. Sittenkunde", II, 144.

9 Hans Findeisen: „Sagen und Märchen auf der Insel Hiddensee" in „Unsere Heimat" (Beilage zur Kösliner Ztg.), Jg. 1923, Nr. 10, S. 4.

10 Hans Findeisen, ebenda.

11 Ebenda.

12 Ebenda.

13 Ebenda.

14 Hans Findeisen, a. a. O.

15 Nach Paul Herrmann: „ Erläuterungen zu den ersten neun Büchern der Dänischen Geschichte des Saxo Grammaticus", Bd. I, Leipzig 1901, S. 211-215.

Ostseebad Vitte aus der Luft

Das Wunder des heiligen Nikolaus

Erzählung von Erich Sielaff

Im Refektorium des Klosters Nikolaikampen auf Hiddensee saßen die Brüder an der Eichentafel, die die ganze Länge des hohen Raumes einnahm. Nachdenklicher Ernst lag auf den Gesichtern der Mönche. Mit tönender Stimme verlas Abt Peter ein Schreiben des Wohledlen Rates der Stadt Stralsund, der bittere Klage führte über die Insulaner, die, obwohl der heilige Nikolaus seit fast einem Jahrzehnt seine Stätte habe auf ihrem Eiland, ihre rohen Sitten und üblen Gewohnheiten nicht abgelegt hätten und von christlicher Nächstenliebe ebenso wenig wüßten wie ihre Vorfahren, die noch in den Fesseln finstern Heidentums und blutigen Götzendienstes befangen gewesen seien. Kein Schiffer, den der Sturm auf die Sandbänke der Insel werfe, rette aus dem Unglück mehr als das nackte Leben. Der Handelsverkehr der Stadt leide hart unter dem Strandraub in dem Gewässer zwischen den Inseln, und manch ein Fahrzeug aus Schweden und Dänemark scheue jetzt schon die Fahrt auf Stralsund. „Wir sind der Meinung“ – so stand am Ende des Pergaments – „daß das Kloster mit demselben Eifer, wie es die Mehrung seines Landbesitzes und seiner Einkünfte mit gutem Erfolge besorge, sich besser angelegen sein ließe, die Leute von Hiddensee aus heidnischer Verderbtheit zu christlichem Tun zu führen, es möchte sonst in Zukunft übel stehen um das gute Einvernehmen zwischen der Stadt und den Brüdern wobei ein Ehrbarer Rat den Brüdern wohl zu erwägen gebe, wer den größeren Nachteil davon habe.“

Ein lautes Murren des Unwillens erhob sich. Zornige Röte färbte die Gesichter, erregte Zwiesprache führten die Nachbarn über die spitzen Worte, die der Stralsunder Ratsschreiber so fein gesetzt hatte. Timmo von Seeland, ein junger Mönch mit hagerem Antlitz, sprang auf und rief blitzenden Auges dem Abte zu: „Schickt den weisen Herren ihren Wisch zurück und laßt sie wissen, daß der Konvent von Nikolaikampen die Verübungen ihres Schreibers erst lesen wird, wenn sie in einem Tone gehalten sind, wie christliche Demut vor den Dienern Gottes und des heiligen Nikolaus sie verlangt!“ Zustimmende Rufe wurden vereinzelt laut. Der Abt wiegte zweifelnd das Haupt und neigte sich zu dem Prior, der ihm ein paar Worte zuflüsterte und auf den Bruder Heinrich zeigte. Dieser saß still auf seinem Platze und schien die allgemeine Erregung kaum zu teilen. Aber seine lebhaften Augen zeugten von lebendigster Teilnahme an der kniffIichen Frage. Als der Abt ihn um seine Meinung befragte, stand er auf, legte die Hände über die Kutte zusammen und hub an: „Ehrwürdige Brüder, wir können dem Rate von Stralsund nicht bestreiten, daß auf unserer Insel ein wildes Volk haust, das dahinlebt in heidnischen Greueln, aller eifrigen Belehrung zum Trotz. Ihr wißt, wie der Bruder Adelhard, der den Dienst in der Kapelle auf dem Gellen versieht, sich müht um die Besserung der Leute und mit Gott in täglichem Gebet um Kraft ringt für sein schweres Amt. Meine Brüder, sind wir nicht mitschuldig, wenn sein Wirken keine Früchte zeitigt?

Fischerboote an der Anlegestelle von Vitte

Laßt uns ihm beistehen, nicht nur mit emsiger Fürbitte, sondern mit tätiger Arbeit. Ich achte also, daß wir unter die Leute gehen, sie mit ernsten Worten vermahnen und ihr schwaches Fleisch stärken, wenn der höllische Feind seine Klauen nach ihnen ausstreckt. Dann wird der Segen des Herrn und seiner Heiligen bei uns sein. Warum wollen wir es mit dem Rate von Stralsund verderben? Die Hand der mächtigen Kaufherren reicht weit, und es wäre nicht ausgeschlossen, daß ein Säcklein lübischen Silbers unserm gnädigen Fürsten lieblicher klinge als der Gesang unserer Kehlen und er seine milde Hand von uns täte." Er wandte sich an Timmo, der finster vor sich niederblickte. „Die Klugheit der Welt, mein junger Bruder, ist euerm frommen Eifer noch fremd, aber sie wird unserm Kloster von größerem Vorteil sein als euer Feuergeist."

Nach kurzer Beratung entschied der Konvent, daß hinfort an jedem Sonntag ein Bruder nach der Messe das Volk zu unterweisen und Bruder Heinrich als erster dem Beschlusse nachzukommen habe. Dem Bruder Adelhard sei durch einen Boten sofort Mitteilung zu machen.

Am Abend vor dem Sonntag Lätare saß Bruder Heinrich in seiner Zelle, als jemand kurz und kräftig pochte. Die Tür öffnete sich. Herein trat der Mönch Bertold, ein alter Bruder, der nach den bewegten Kriegsfahrten seiner Jugend und Mannheit hinter den Klostermauern seine Seele auf den Eingang zum Frieden vorbereitete. Der Alte barg unter der Kutte ein paar unförmige Dinge, die er umständlich hervorzog und auf den Tisch legte. Da blinkten im Kerzenlicht eine alte Eisenkappe und ein Harnisch, der wohl an einzelnen Stellen blind war vom Alter, aber trotz seiner Beulen fest und stark und einem Manne wohl anstehen mochte, dessen Brust sich zu weiten gewöhnt war beim mächtigen Schwunge des Schwertarmes. „Was soll's damit, mein Bruder?" fragte Heinrich, indem er das Gebetbuch zuklappte und das Rüstzeug des Weltkämpfers betrachtete. Der Alte räusperte sich, ehe er die Worte schwerfällig zu Sätzen fügte: „Herr Heinrich, eure Rede ist gut, und ich höre euch gern zu, wenn ihr aus den Rollen lest, aber schnallt morgen, wenn ihr nach Glambeke geht, den Harnisch unter die Kutte und setzt den Helm auf unter der Spitzkappe. Zwar geleitet euch der heilige Nikolaus, mein Bruder, aber es schadet nicht, wenn ihr seiner Macht ein wenig unter die Arme greift. Ein kräftig Sprüchlein ist gut, aber ein Eisenwams ist besser gegen heidnische Tücke. Das rät euch ein alter Kriegsmann." Heinrich lächelte ob der Besorgnisse seines Besuchers und wog den eisernen Kopfschutz in der Hand. „Die Klugheit der Welt spricht aus euch, Alter. Ich werde morgen eure harte Tonsur tragen. Sie wird mich nicht um den Schutz unsers Heiligen bringen."

In der Nacht machte sich ein heftiger Wind auf und wuchs in den Morgenstunden zum tosenden Orkan. Vom Seestrand her drang das Brüllen der Brandung, die gegen den Dornbusch heranschäumte und mit weißen Zungen nach der Höhe des Steilrandes gierte, weit über die Insel. Auch das Binnengewässer war aufgewühlt vom Nordwest und zerrissen von kurzen Wellen, auf deren Rücken Schaumköpfe tanzten. In fliegender Hast furchte das Boot, in dem Heinrich die Fahrt angetreten hatte, das graue Wasser zwischen Rügen und Hiddensee. Die Männer, die vom Lande aus bereits seit einer Stunde das braune Segel beobachtet hatten, steckten bei der Landung des Klostermannes die Köpfe zusammen. Als der Mönch in seiner weißen Kutte an ihnen vorbeischritt, beugten sie die Knie und verharrten mit gekreuzten Armen regungslos, während Heinrich das Zeichen des Kreuzes über ihnen schlug. Die Lehmhütten des Dorfes lagen eine halbe Stunde südlich von dem Landungsplatz. Der Wind warf sich mächtig in das weite Gewand des Mönches und ließ ihn seine Schritte beschleunigen. Auf halbem Wege kam ihm der Bruder Adelhard entgegen. Nach der Begrüßung tat der Priester vom Gellen dem Gesandten des Klo-

Dorfansicht von Vitte

sters kund, daß die Männer und Frauen der beiden Dörfer sich auf dem Platze vor der Kapelle einfinden würden, sobald die Sonne im Mittag stehe. Unter ernstem Gespräche erreichten sie das abseits gelegene Haus, das Bruder Adelhard bewohnte. Er trug ein einfaches Mahl auf: Runde Scheiben groben Brotes, Salz und gebratene Fische. Der Gast sprach das Tischgebet, und beide ließen sich die Speisen schmecken.

Vor der Kapelle hatte sich indessen eine ansehnliche Menge angesammelt. Im offenen Ringe standen die Männer, hinter ihnen die Frauen, alle barhäuptig und erwartungsvoll auf die weißen Mönche blickend, die jetzt mit lautem Gruß in die Mitte traten. Nach einem stummen Gebet hob Bruder Heinrich das Haupt, und während seine Blicke über das Volk flogen und bald hier, bald da sekundenlang in einem Paar dunkler Augen hafteten, tönte seine Stimme laut über den Plan: „Die Wasser des Meeres heulen gegen den Strand, die See ist aufgewühlt, ihre glatte Fläche zerrissen in tiefe Täler und stürzende Berge. Der Sturm fegt über das Land. Er schüttelt die Eichen und reißt an den Dächern eurer Hütten. In der Ecke kniet ihr vor dem Bilde der heiligen Jungfrau und ihres göttlichen Kindes. Eure Lippen erbleichen und verstummen mitten im Gebet, wenn das wütende Element sich mit neuer Kraft gegen die Wände wirft und sie erbeben macht. Ihr Elenden, das Heil eures vergänglichen Leibes erpreßt euch Flehen und Seufzen, aber eure Seele ist vergiftet mit der Gier nach fremdem Gute. Wenn das Wetter verzieht, dann eilt ihr an den Strand und berget mit raffenden Händen, was das wütende Meer zerstörte und euch vorwarf von seinem Raube. Ich aber sage euch: Lasset ab von euerm Tun, denn es ist dem Herrn ein Greuel, und er wird seine Hand abziehen von euch, wenn ihr nicht umkehret auf euerm Wege. Satan hat seine Pforten schon aufgetan, euch eine Stelle zu bereiten in seinen höllischen Flammen. Wenn aber eure Seele leidet in der tausendfältigen Pein und ihr schreiet zu dem Herrn der Himmel, dann wird er seine Ohren verschließen vor euerm Flehen, denn ihr habt ihn verachtet. Eure Qualen werden wachsen wie die Windsbraut, euer Heulen wird lauter sich erheben als der Sturm, der heut über die Insel geht.“

Ein neuer Windstoß, noch heftiger als die vorigen, stieß in die kahlen Äste der Eichen und rüttelte an den Zweigen, daß sie sich ächzend bogen. Niemand von den Inselleuten rührte sich auf seinem Fleck. Die Männer schlugen die Augen nieder, die Frauen hingen mit angsterfüllten Blicken wie gebannt an den Lippen des Mönches. Manch eine schlug heimlich ein Kreuz, wenn die erregten Lüfte mit wilden Akkorden die Bußpredigt des Bruders Heinrich überschrien. Der andächtigste Zuhörer in der Menge aber war Adelhard. Das tiefe Schweigen des Volkes war ihm Beweis der Wirkung der machtvollen Worte Bruder Heinrichs. Neue Hoffnung kam in sein Herz, den Sinn seiner Schutzbefohlenen doch noch ändern zu können.

Von der Düne her, die den Seestrand begleitete, kam ein Mann gelaufen. Als er den Kreis der Versammelten sah und der Wind einzelne Laute zu ihm trug, hemmte er den raschen Lauf und hatte Sorge, daß die Mönche nicht gewahr wurden, wie er sich unter die Lauschenden mischte. Den Nächststehenden warf er leise ein paar Worte zu. Wenige Sekunden später lief eine aufgeregte Bewegung durch die Menge. Die Männer hoben die Köpfe und lauschten nach dem Meere hin, die Frauen flüsterten, und einzelne Gruppen sonderten sich ab. Aber während die ersten, die nach dem Strande eilten, sich noch heimlich davonstahlen, löste sich die Versammlung bald in wilder Unordnung auf, und alles drängte in tollem Durcheinander nach der Düne. Ehe der Prediger und seine Gefährte erkannten, was in ihre Zuhörer gefahren war, standen sie allein auf dem Plan vor der Kapelle. In das Heulen des Sturmes aber mischte sich eine wilde Melodie, deren helles Jauchzen dem Menschenstrome voransprang und, anschwellend Wind und Meer übertönend, den weißen Mönchen in die Ohren gellte wie das Hohngelächter der Hölle: „Schiff auf dem Strand!"

In geringer Entfernung nach Norden lag das gestrandete Fahrzeug. Der Bug saß fest auf dem Strande und grub sich unter dem Druck der Wogen, die unaufhörlich gegen das hochragende Heck prallten, immer tiefer in den Sand. Das Ruder war fortgeschlagen, der Fockmast gebrochen und hatte im Fall die Schanzverkleidung auf dem Vorschiff zerschlagen. An dem Hauptmast saßen noch einzelne braune Fetzen des zerrissenen Segels, mit denen der Wind sein Spiel trieb und sie klatschend gegen das Holzwerk schlug. Auf dem Strande lagen losgeschlagene Trümmer, die das Meer auf das Land geworfen hatte.

Mit langen Sprüngen eilten die Inselleute auf das Schiff zu, allen voran der schwarze Benko. Er war der erste, der wie eine Katze den Segler erkletterte und mit rauhem Rufe an Deck sprang. Im nächsten Augenblick war schon ein ganzer Haufe der Insulaner auf dem Wrack, denn sie hatten geeilt, den weitausholenden Beinen ihrers Führers zu folgen. Ohne auf die wenigen Männer zu achten, die von der Schiffsmannschaft noch übrig waren und sich, den tosenden Fluten des Meeres kaum entrückt, einem neuen und furchtbaren Feinde ausgeliefert sahen, schlug Benko und seine Bande die Luke auf. Einige sprangen hinab in den Laderaum, während die anderen auf Deck Stangen und Taue suchten und sich anschickten, Säcke und Kisten an Deck zu schaffen. Als die ersten Güter auf dem Strande lagen, stürzten die Weiber darüber und beeilten sich, die Schätze weiter aufs Trockene zu bringen.....

Der Gellenpriester war auf die Knie gesunken und bedeckte die Augen mit den Händen. Bruder Heinrich blickte finster über den Betenden hinweg nach dem Meere. Der Lärm der Plünderung klang dumpf herüber. Einzelne Insulaner, Männer und Weiber, stiegen über die Düne und schleppten schwere Lasten in die Hütten. Da hielt es ihn nicht länger. So schnell ihn seine Füße trugen, eilte er an den Strand. Er kämpfte hart an den gegen den Sturm, der ihn mit voller Kraft packte, als wollte er den Gottesmann abhalten, die Greuel zu schauen, die die Leute von Hiddensee verübten.

Die Schiffsleute hatten nach der ersten Überraschung sich auf die wilde Meute der Strandräuber gestürzt. Aber ihre Arme waren müde vom Kampfe mit dem Meer. Das Inselvolk hatte leichte Mühe, sie zu überwältigen. Nun lagen sie in Fesseln abseits von den Plünderern, in Bangen darüber, ob sie das Leben heimbringen würden. Ihr lauter Jammer mischte sich schaurig in das Heulen des Sturmes und das Brüllen des wütenden Meeres. Als der Mönch in ihre Nähe kam, erhoben sie ihre Stimmen. Bruder Heinrich sprach den Verzweifelten Mut zu. Dann aber schritt er auf die tobende Horde zu, die so vertieft war in ihre elende Tätigkeit, daß sie den weißen Mönch erst sahen, als er mitten unter ihnen stand. Aber die Verblüffung über das plötzliche Auftauchen des Möches verschwand bei den Insulanern so schnell, wie sie gekommen war. Erregte Rufe wurden ausgestoßen, geballte Fäuste hoben sich, und von allen Seiten drang die wütende Menge auf den Bruder Heinrich ein. Der aber stand wie ein Bild, die Augen fest und mit hellem Glanze auf die Andrängenden gerichtet, in der erhobenen Rechten das Kruzifix und laut rufend zu dem Schutzpatron seines Klosters. Eine zwingende Kraft lag in den Blicken des Mönches. Betreten wichen die vordersten vor dem weißen Manne zurück, und der enge Raum um ihn vergrößerte sich. Als der schwarze Benko vom Bord des Schiffes die Unentschlossenheit seiner Landsleute sah, stieß er einen Fluch aus und brüllte von oben herab: „Du hast uns heute die Herrlichkeiten der Hölle ausgemalt, elender Kuttenträger, du sollst der erste sein, der sie schmeckt!" Damit ergriff er eine Stange, sprang auf den Strand und lief auf den Bruder Heinrich zu, das Holz schwingend und mächtig ausholend nach seinem Kopfe. Ein entsetzter Schrei durchzuck-

Blick über Vitte zum Dornbusch

te die Luft. Krachend zerspitterte die Stange auf dem Schädel des Mönches, Benko schlug taumelnd auf das Gesicht und lag wie ein gefällter Baum im Sande, ohne Regung, Bruder Heinrich stand hochaufgereckt auf seinem Platz, das Kruzifix in der erhobenen Hand. Die Weiber stoben schreiend auseinander und warfen hinter sich, was sie in den Händen trugen, die Männer standen wie gelähmt und starrten abwechselnd bald auf den Mönch, bald auf den schwarzen Benko. Dann aber packte auch sie das Grauen vor dem weißen Manne. Einer nach dem andern schlich scheu zurück, und je weiter sie sich entfernten von dem unheimlichen Orte, desto schneller eilten sie, sich mit den Weibern in den Hütten zu bergen.

Bruder Heinrich eilte zu den Schiffbrüchigen, löste ihre Fesseln und kehrte mit ihnen, die ihre Rettung wie ein Wunder empfingen, zu dem noch immer leblosen Benko zurück. Eine tiefe Wunde klaffte auf seiner Stirrn, die hart auf einen Stein geschlagen war. Als sie ihn aufhoben, fand der Bruder den rechten Fuß seines Angreifers in herabhängendem Tauwerk verstrickt. Sie schleppten den Verwundeten in die erste Hütte von Glambeke. Ein junges Weib öffnete. Sie warf sich vor dem Mönche auf die Knie, rutschte ihm entgegen und führte den Saum der Kutte an ihren Mund. Heinrich legte dem schwarzen Benko einen Verband an und verließ das Haus. Die Schiffsleute fanden bei Adelhard ein Unterkommen, der Bruder Heinrich aber trat die Heimfahrt nach dem Kloster an. Dort war sein erster Gang zu dem alten Bertold. Als er dem Kriegsmann Kappe und Panzer zurückgab, drückte er ihm die Hand und sprach: „Euer kluge Rat, mein Alter, hat unserm Patron zu einem guten Wunder verholfen. Auf daß die Welt die Tat des heiligen Nikolaus mit ihrem Spotte nicht schmähe, bitte ich euch, gegen jedermann zu schweigen von dem, was ich heute unter der weißen Kutte barg."

Die Kunde von dem Wunder, das der Schutzheilige von Nikolaikampen durch den Bruder Heinrich gewirkt hatte, lief von Mund zu Mund und erfüllte die Insulaner mit Furcht und Schrecken vor der Macht der weißen Mönche. Benko und mehrere Männer und Weiber von Glambeke wurden aus der Kirche gestoßen und erst wieder in die Gemeinschaft aufgenommen, als sie ihren Fehl durch harte Buße gesühnt hatten.

Der Zwist mit dem Rate zu Stralsund wurde beigelegt. Die Stadt durfte auf dem Gellen einen Leuchtturm errichten, das Kloster verpflichtete sich, sein Feuer vom 8. September bis 1. Mai zu unterhalten. So flammte den Schiffen, die in den dunkeln Nächten durch das tückische Wasser steuerten, ein freundliches Licht an der Stelle, wo ihnen sonst Vernichtung gedroht hatte. Die Leute von Glambeke störten das Feuer nicht. Sie scheuten sich, hinfort Hand zu legen an alles, was die weißen Mönche dem Schutze des heiligen Nikolaus unterstellt hatten. So konnte der Heilige auch hier endlich seiner segensreichen Tätigkeit als Schutzpatron aller Seefahrer ungestört nachgehen....

Mehr als sechs Jahrhunderte sind seit den Tagen verflossen, da dies geschah. Harte Zeiten kamen über die Insel. Das Dorf Glambeke verschwand. An die Kapelle auf dem Gellen erinnert nur noch der Karkensee südlich von Neuendorf, den Wald fraß die Axt. Ein zerfallener Torbogen, durch den der Fremde achtlos schreitet, wenn er aufsteigt zum Dornbusch, ist der letzte Rest des Cisterzienserklosters Nikolaikampen.

Gaststätte „Norderende“ in Vitte

Blick von Vitte aus zur Ostsee

Folgende Doppelseite: „Uns Hüsing“ in Vitte

Familienausflugslokal „Heiderose“ in der Heide bei Vitte

1903
25 Jahre
Heiderose
Heiderose auf Hiddensee - Fernruf Vitte 16 - Bes. Paul Krüger -
1928
HEIDEROSE

Gasthaus „Heiderose“ bei Vitte

Ankunft von Urlaubern auf Hiddensee

Gasthaus „Am Meer“ in Neuendorf

Neuendorf aus der Luft

Fischerhäuser von Neuendorf vom Strand aus

Fischerleute und Fischerboote am Strand von Neuendorf

Dorf ohne Straße – typische Dorfidylle auf Hiddensee

Steinwall hinter Neuendorf

Dorfleben in Neuendorf

Folgende Doppelseite:
Fischerhäuser in Neuendorf

Gaststätte „Strand-Cafe“

Leuchtfeuer südlich von Neuendorf

Plogshagen, Teil von Neuendorf

Blick auf Neuendorf

Abschied von Hiddensee.

Soll wirklich jetzt von Dir nun scheiden
Dein Einsiedler, mein Hiddensee? . .
Soll Deinen Wogenstrand ich meiden
Und Deiner Berge luft'ge Höh'? . .
Doch wo ich wandre, wo ich weile
Stets wendet sich zu Dir mein Blick:
Auf Dir gewann ich – wie so viele –
Den »Menschen« wieder mir zurück!

Alexander Ettenburg,
Einsiedler von der Insel Hiddensee bei Rügen.

Bergwald-Kolonie »Tannhausen« — Sommer 1908.

Der Herausgeber
Andreas Arendt, Jahrgang 1951, lebt in Leipzig und auf Hiddensee. Nach seinem Studium der Physik und Ökonomie arbeitete er u.a. als Programmierer. Bereits in seiner Kindheit gehörte er zu den Hiddenseeurlauber. Er arbeitet seit 1986 als Buchhändler auf Hiddensee. Seit 1991 ist er Inhaber der Inselbuchhandlung in Kloster.

Titelbild:
Blick auf den Hafen von Kloster in den zwanziger Jahren

Mein Dank gilt Christine für die Unterstützung bei der Erarbeitung dieses Buches.

Gestaltung: Anke Mielitz
Herstellung: Christine Stehling
Gesamtherstellung: W. A. S. Media Productions, 59071 Hamm
Printed in Germany, 1995
ISBN 3-89261-164-5

Texte entnommen dem Buch:
Hiddensee
Verlag Leon Sauniers Buchhandlung
Stettin, 1924

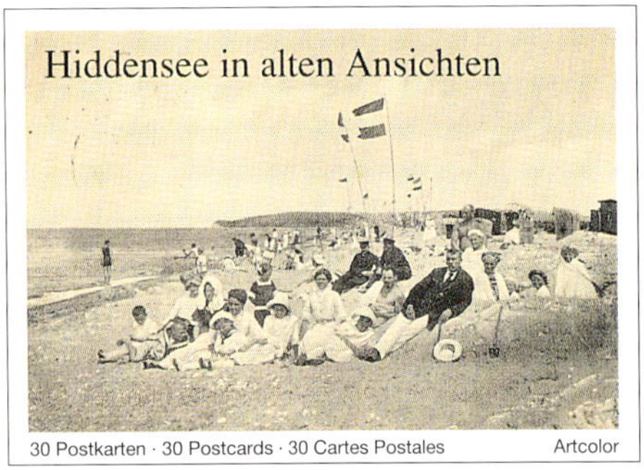

Hiddensee in alten Ansichten
30 Postkarten
ISBN 3-89261-821-6 DM 9,95

Usedom in alten Ansichten
30 Postkarten
ISBN 3-89261-810-0 DM 9,95

Rolf-Joachim Rutzen
Masuren
80 Seiten, 82 Abbildungen
29,80 DM
ISBN 3-89261-105-X

E. Tönspeterotto / R. Schröder
Usedom
64 Seiten, 64 Abbildungen
19,80 DM
ISBN 3-89261-148-3